EJU
일본유학시험

종합과목
40완성
일

저자 이성순

다락원

21세기는 인적자원을 포함한 유·무형의 자원이 국경을 넘어 오가는 글로벌 시대이다. 복잡하게 얽힌 국제관계를 이해할 수 없다면 생존할 수 없는 오늘날, 그 어느 때보다 해외유학에 대한 관심이 높아지는 것은 당연한 일이다. 그 중에서도 특히, 일본유학에 대한 열기가 뜨겁다. 필자는 다년간의 현장 경험을 통해서 최근 몇 년간 일본유학에 대한 관심이 해가 다르게 치솟고 있음을 피부로 생생하게 느낄 수 있었다.

우리나라에서 2시간 남짓이면 오갈 수 있는 가까운 나라, 일본.
일본은 수년 간 지속된 국내 청년 취업의 어려움과 오랜 불황이 끝나고 호황기를 맞았다. 최근 일본의 이러한 경제 상황과 맞물려, 일본 정부가 "유학생 30만 명 유치"라는 정책을 내놓았다. 이 정책의 일환으로 외국인 유학생에게 장학금과 수업료 면제, 생활비 보조 등을 내세우며 적극적으로 나서고 있기 때문에, 지금이야말로 일본유학을 준비하기에는 더할 나위 없는 호기일지도 모른다.

일본 유학에 관심이 있는 한국인이라면 반드시 알아두어야 하는 것이 있다. 외국인이 일본대학으로 유학하기 위해서는 일본의 문부과학성이 주관·시행하고 있는 일본유학시험(EJU)에 응시해야 한다. 이 시험은 '일본어'와 '종합과목' 두 과목으로 이루어져 있는데, 일본어는 모든 유학생들이 응시해야 하는 공통필수과목이며, 종합과목은 문과 지망생에게 필수 과목이다.

'일본어' 과목은 유학 시험을 지원하는 사람이라면 어느 정도의 수준에 도달해 있기 마련이다. 즉, 문과 지망생이 일본유학시험(EJU)에서 어떤 대학을 갈 것인가를 결정하는 것은 종합과목에 달려 있다고 해도 과언이 아니다.

종합과목은 말 그대로 정치·경제·지리·역사·현대사회/국제사회 등이 종합적으로 출제된다. 한국의 수능과목 중에 "사회탐구영역"과 비슷하게 들리지만, 실상은 어느 한 분야를 아무리 열심히 공부하더라도 다른 분야와의 연관성을 이해하지 못하면 결코 풀 수가 없기 때문에 단순한 암기로는 해결할 수 없다. 더구나 한국인의 관점에서 공부한 것과는 내용적으로도 다소 다르기 때문에 유의해야 할 부분이 적지 않다.

필자는 2005년부터 2021년, 지금 이 순간까지 현장에서 일본유학시험(EJU) 관련 수업만을 해왔다. 특히 종합과목은 필자가 직접 엮은 교재로만 수업을 해 왔으며, 학생들의 높은 종합과목 점수가 자체 교재에 대한 자신감을 갖게 해주었다.

일본어 점수보다 종합과목 점수를 올리기가 훨씬 시간과 노력이 덜 든다는 것을 필자는 알고 있다. 제대로 된 종합과목 교재에 대한 학생들의 갈증을 누구보다 절실하게 느꼈지만, 시중에 있는 교재로는 만족할 수 없었다. 좀 더 효율적인 출제범위와 출제경향을 학생들이 파악할 수 있다면, 좀 더 높은 점수로 원하는 대학에 입학할 수 있겠다는 생각에, 부끄럽지만 필자가 평소 수업에 쓰던 교재를 수정·보완하여 출판을 결심하게 되었다.

종합과목은 한 과목이지만 여러 과목이 하나로 합쳐졌기 때문에, 범위뿐만 아니라 학습할 분량과 내용도 상당히 복잡해서 처음 접하는 사람은 적잖이 당혹스럽게 느껴질 것이다. 그래서 좀 더 효율적인 학습을 위해 "40일"이라는 일정에 맞춰 질리지 않고 공부할 수 있도록 학습 분량을 적절히 분배하였다. 또한 이해를 돕기 위해 그림과 도표, 지도 등을 적극 활용해서 전체적인 흐름을 파악하는 데 도움을 주고자 하였으며, 내용은 가능한 가장 최근의 것까지 포함하였다.

아울러 수험서인 만큼 문제와 관계가 없는 내용은 과감하게 생략한 점을 양해해주기 바라며, 마지막으로 바쁜 중에도 원고 작업을 열심히 도와준 미유키 선생님과, 부족한 필자에 대해 신뢰와 함께 출판의 기회를 주신 다락원 출판사에게 진심으로 감사드린다.

저자 이성순

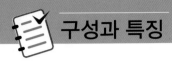

본문

하루 3~4쪽씩 40일 학습분량으로 분배하여, 질리지 않고 꾸준히 공부할 수 있다.

하루 공부한 내용은 QR코드를 통해 해석을 볼 수 있어, 내용 파악에 대한 부담을 줄였다.

---

01 DAY

- イギリスの産業革命
- イギリスの北アメリカ植民地
- アメリカの独立
- 資本主義の登場と労働運動
- アメリカの独立戦争
- 啓蒙思想の登場

イギリスの産業革命

イギリスで産業革命が初めて始まった背景には、16世紀以降、毛織物工業を中心として発達したマニュファクチュア(工場制手工業)による資本の蓄積がある。

また、植民地開拓による広大な海外市場の確保と❶清教徒革命(ピューリタン革命)❶₆₄₂と❷名誉革命₁₆₈₈との二度の革命による社会・経済的な環境の整備がある。これによって、蓄積された資本と自由な経済活動の保障が産業資本家を出現させた。

18世紀から19世紀にかけて起きた❸囲い込み(エンクロージャー)により土地を失った農民は、都市に流入し産業革命に必要な安価な労働力として賄われた。

さらに、産業革命において重要な要因として技術革命が欠かせない。ジョン・ケイが発明した₁₇₃₃「飛び杼」による綿織物の生産技術の革新、ワットが改良した蒸気機関₁₇₆₉による動力革命、フルトンが蒸気機関を応用した蒸気船₁₈₀₇やスティーブンソンが実用化した蒸気機関車₁₈₂₅による交通革命が挙げられる。これで、多量のものを遠い所まで送ることができるようになった。

> ❶ 清教徒革命(ピューリタン革命) ピューリタン(清教徒)を中心とする議会派が絶対王政を倒した市民革命。
> ❷ 名誉革命 貴族や聖職者を、身分や財産の格差に関わらず法のもとで平等に扱うこと。
> ❸ 囲い込み 領主・貴族や地主たちが、農地を牧場に変えて羊毛生産を増やすために、囲いを作ったこと。

資本主義の登場と労働運動

イギリスでは機械制工業で安価な商品の大量生産を実現するにつれて、工場を経営する産業資本家が現われ、経済力と政治的な発言力を強めた資本主義社会を確立した。さらに工場で働く労働者が急速に増加し、人口が都市に集中することによって、マンチェスター(綿工業)やバーミンガム(製鉄業・機械工業)、リヴァプール(貿易港)等の大都市が形成された。イギリスは、世界中から原料を輸入し、その原材料を元として製品を生産、世界へ輸出する大規模な工業国となり「世界の工場」と呼ばれた。

一方で、労働者は機械使用の普及による失業のおそれを感じ、後年の労働運動の先駆者とされる❶ラダイト運動₁₈₁₁を起こした。その後、本格的な労働運動が進み、世界初の労働組合が結成₁₈₃₄された。

> ❶ ラダイト運動 英国の中・北部の毛織物工業地帯において機械の大量導入の発展等で失業・失職の危機に直面した労働者の機械破壊運動。

イギリスの北アメリカ植民地

イギリスは、18世紀前半まで北アメリカ大陸の東部地域に13の植民地を建設した。これらの植民地に移住したのは、本国の国教会体制を嫌うピューリタン(清教徒)や新大陸での利益をねらう人々だった。本国はアメリカ植民地を商品市場と原料供給地として利用していた。植民地の北部は自営農民・商工業者が中心で、南部は黒人奴隷を使用した❶プランテーション(大農園)が発達していた。イギリスは❷七年戦争₁₇₅₆~₆₃に勝利し、フランスからカナダとミシシッピ川以東のルイジアナ等を獲得した。

> ❶ プランテーション(大農園) 奴隷・召使いのみで管理された大規模で商業的な農園経営業。
> ❷ 七年戦争 プロイセン王国とオーストリアの対立を発端とし、プロイセンは英国と、オーストリアはフランス・ロシアと手を結んで戦った戦争。

アメリカの独立戦争

七年戦争の終結後、財政難になったイギリスは、植民地に税をかけることでまかなうことにした。これに対して、植民地の人々は一方的な税の取り立てに抗議をした。❶印紙法₁₇₆₅に対しては「代表なくして課税なし」を主張する反対運動が起り、翌年撤廃された。茶法に対しても、反対していた急進派市民により❷ボストン茶会事件₁₇₇₃が勃発すると本国側はボストン港の閉鎖、軍隊の駐屯等の対抗策を示した。本国が力で抑えようとしたため、13植民地は大陸会議を開いて結束し、植民地軍はフランス等の支援を得て次第にイギリスを追い詰めていった。植民地軍はワシントンを総司令官に任命して戦ったが、当初は苦戦した。

しかし、王政を批判し、独立して共和国を建設することの正当性を訴えた❸トマス・ペインの「コモン・センス」₁₇₇₆が発刊されると、独立の方向性が明確となり、独立に向けた世論が熟成されていった。

> ❶ 印紙法 国家の公布により、しかも新聞・雑誌・各種印刷物等へ収入印紙の貼附を義務づける法律。
> ❷ ボストン茶会事件 英国が茶税を課すため、東インド会社を通して茶を独占販売することに反対する米国植民地の急進派が引き起こした事件。
> ❸ トマス・ペインの「コモン・センス」 米国の独立を鼓舞した扇動的な冊子であり、独立の正当性を主張した。

10

1. 歴史 11

국가명과 한자권 이외의 인명과 지명 용어 등은, 한국발음과 일본발음이 다른 경우도 있어, 혼선을 줄이고자 해석에도 일본어로 그대로 넣었다.

본문에서 보완 또는 보충해야 할 용어나 설명은 아래에 배치하여 이해를 돕도록 하였다.

TEST

하루의 학습이 끝나면,
그날의 학습내용과
관련된 확인문제를
실어 복습할 수
있도록 하였다.

---

01 DAY 확인문제

問1 産業革命の技術革命について述べた文として誤っているものを、次の①～④のうちから一つ選べ。

① ワットは、蒸気機関を改良した。
② フルトンは、蒸気船を実用化した。
③ ジョン・ケイは力織機を発明した。
④ スティーヴンソンは蒸気機関車を実用化した。

問2 イギリスの北アメリカの植民地について述べた文として誤っているものを、次の①～④のうちから一つ選べ。

① イギリスは、18世紀前半まで北アメリカ大陸の東部地域に13の植民地を建設した。
② 植民地の北部は自営農業・商工業が中心で、南部は黒人奴隷を使用したプランテーションが発達していた。
③ イギリスから植民地に移住した人々は、北アメリカのピューリタンの勢力拡大のためだった。
④ 7年戦争の結果、イギリスがミシシッピ川以東のルイジアナを獲得した。

정답 1. ③ 2. ③

1. 世界史 13

받아쓰기 1

問1 ナポレオンに関して述べた文章として、適切ではないものを、次の①～④の中から一つ選びなさい。

① ナポレオンは、イタリア遠征軍司令官としてオーストリアを破った。
② ナポレオンは、統領政府を倒した軍事クーデターにより皇帝となった。
③ ナポレオンが制定した民法典では、私有財産の不可侵が規定されている。
④ ナポレオンの有力な支持基盤は、中小地所有農民である。

問2 パリ講和会議(1919年)に関連して述べた文と　して正しいものを次の①～④の中から一つ選びなさい。

① この会議では、全世界の国々に民族自決の原則が適用された。
② この会議で初めて、アメリカ合衆国大統領により14ヶ条の平和原則が出された。
③ この会議で、太平洋地域の現状維持と日英同盟廃棄が決められた。
④ 世界各国の首脳が集まり、国際連盟を含めた新たな国際体制構築についても討議された。

192

40일간의 학습이 끝나고 최종적인
점검을 할 수 있도록 부록으로
"모의테스트 1회"를 실었다.

부록

① 模擬テスト 정답 및 해설

시험은 보는 것보다 더 중요한 것이
오답체크이므로, 정답과 함께
해설도 함께 실었다.

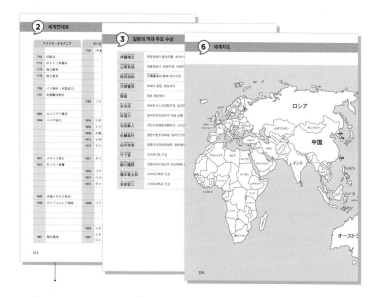

② 세계연대표
③ 일본의 역대 주요 수상
⑥ 세계지도

부록에는 시대적인 흐름을 한 눈에 정리할 수 있도록 국가별 연대순으로 정리한
연대표와, 중요한 국제기관명, 꼭 알아야 할 일본 수상과 업적을 표로 정리했다.
또한 정확한 위치를 알 수 있도록 세계지도와 일본지도를 첨부하였다.

차례

PART 1

歷史

종합과목에서 출제되는 역사 문제는 크게 두 테마이다.
〈1. 근대의 성립과 세계의 일체화〉에서는 영국의 산업혁명, 미국 독립
혁명, 프랑스 혁명, 국민국가의 형성, 제국주의와 식민지화, 일본의 근
대화와 아시아, 〈2. 20세기의 세계와 일본〉에서는 제1차 세계대전과
러시아 혁명, 세계공황, 제2차 세계대전과 냉전, 아시아·아프리카 내
여러 국가의 독립, 석유위기, 냉전체제의 붕괴 등의 내용이 출제되고
있다.

01 DAY

イギリスの産業革命

　イギリスで産業革命が初めて始まった背景には、16世紀以降、毛織物工業を中心として発達したマニュファクチュア(工場制手工業)による資本の蓄積がある。

　また、植民地開拓による広大な海外市場の確保と❶清教徒革命(ピューリタン革命)₁₆₄₂と❷名誉革命₁₆₈₈との二度の革命による社会・経済的な環境の整備がある。これによって、蓄積された資本と自由な経済活動の保障は産業資本家を出現させた。

　18世紀から19世紀にかけて起きた❸囲い込み(エンクロージャー)により土地を失った農民は、都市に流入し産業革命に必要な安価な労働力として賄われた。

　さらに、産業革命において重要な要因として技術革命が欠かせない。ジョン・ケイが発明₁₇₇₃した「飛び杼」による綿織物の生産技術の革新、ワットが改良した蒸気機関₁₇₆₉による動力革命、フルトンが蒸気機関を応用した蒸気船₁₈₀₇やスティーブンソンが実用化した蒸気機関車₁₈₂₅による交通革命が挙げられる。これで、多量のものを遠い所まで送ることができるようになった。

---

❶ **清教徒革命(ピューリタン革命)** 퓨리턴(청교도)를 중심으로 하는 의회파가 절대왕정을 타도한 시민혁명.

❷ **名誉革命** 구교부흥을 도모하는 제임스2세에 반대한 의회는 네덜란드로부터 신교도인 윌리엄과 메리를 맞이해서 왕위에 즉위시키고, 권리장전에 서명하게 함으로써 의회정치의 기초를 만들었다.

❸ **囲い込み** 영주 및 부농층이 농민으로부터 몰수한 밭과 공유지였던 토지를 울타리로 쳐서 양을 키우기 위한 목장으로 전환했던 것을 말한다.

資本主義の登場と労働運動

　イギリスでは機械制工業で安価な商品の大量生産を実現するにつれて、工場を経営する産業資本家が現われ、経済力と政治的な発言力を強めた資本主義社会を確立した。さらに工場で働く労働者が急速に増加し、人口が都市に集中することによって、マンチェスター(綿工業)やバーミンガム(製鉄業・機械工業)、リヴァプール(貿易港)等の大都市が形成された。イギリスは、世界中から原材料を輸入し、その原材料を元として製品を生産し、世界中へ輸出する大規模な工業国となり「世界の工場」と呼ばれた。

　一方で、労働者は機械使用の普及による失業のおそれを感じ、後年の労働運動の先駆者とされる❹ラダイト運動₁₈₁₀を起こした。その後、本格的な労働運動が進み、

世界初の労働組合が結成$_{1834}$された。

❹ **ラダイト運動** 영국의 중·북부의 직물공업지대에서 기계제 대공업의 발생으로 인해 실직 위험에 직면한 노동자들의 기계파괴 운동.

イギリスの北アメリカ植民地

イギリスは、18世紀前半まで北アメリカ大陸の東部地域に13の植民地を建設した。これらの植民地に移住したのは、本国の国教会体制を嫌うピューリタン(清教徒)や新大陸での利益をねらう人々だった。本国はアメリカ植民地を商品市場と原料供給地として利用していた。植民地の北部は自営農民・商工業者が中心で、南部は黒人奴隷を使用した❺プランテーション(大農園)が発達していた。イギリスは❻七年戦争$_{1756~63}$に勝利し、フランスからカナダとミシシッピ川以東のルイジアナ等を獲得した。

❺ **プランテーション(大農園)** 열대·아열대에서 보이는 대규모 상업적 농원농업.

❻ **7年戦争** 프로이센 왕국과 오스트리아의 대립을 축으로, 프로이센은 영국과, 오스트리아는 프랑스·러시아와 손잡고 전 유럽으로 확대되었던 전쟁.

アメリカの独立戦争

七年戦争の終結後、財政難になったイギリスは、植民地に税をかけることでまかなうことにした。これに対して、植民地の人々は一方的な税の取り立てに抗議をした。❼印紙法$_{1765}$に対しては「代表なくして課税なし」を主張する反対運動が起り、翌年撤廃された。茶法に対しても、反対していた急進派市民により❽ボストン茶会事件$_{1773}$が勃発すると本国側はボストン港の閉鎖、軍隊の駐屯等の対抗策を示した。

本国が力で抑えようとしたため、13植民地は大陸会議を開いて結束し、植民地軍はフランス等の支援を得て次第にイギリスを追い詰めていった。植民地軍はワシントンを総司令官に任命して戦ったが、当初は苦戦した。

しかし、王政を批判し、独立して共和国を建設することの正当性を訴えた❾トマス・ペインの『コモン・センス』$_{1776}$が発刊されると、独立の方向性が明確となり、独立に向けた世論が熟成されていった。

❼ **印紙法** 국가의 공문서는 물론 신문 등 각종 인쇄물에 수입인지 부착을 의무화 하는 법이다.

❽ **ボストン茶会事件** 영국이 차법을 제정해, 동인도회사에게 차의 전매권을 준 것에 반대하는 미국 식민지의 급진파가 일으킨 사건.

❾ **トマス・ペインの『コモン・センス』** 미국의 독립을 당연한 권리이며, 필연적인 것이라고 정당화했다.

アメリカの独立

　13植民地の代表はトマス・ジェファソンらが起草した独立宣言をフィラデルフィアで発表した。これは⓾ジョン・ロック(英)の思想の影響を受け、人間の基本的人権、革命権を主張し、13州の独立を宣言したものであった。

　アメリカの援助要請によってフランス・スペイン・オランダが参戦し、ヨーロッパではイギリスの孤立政策を取った。戦争が終結し、パリ条約$_{1783}$が結ばれ、アメリカの独立が承認された。世界初の近代的成文憲法$_{1787}$として人民主義・連邦主義・三権分立制を採用した合衆国憲法が発効され、合衆国憲法にもとづく初代大統領にワシントンが就任$_{1789}$した。

　しかし、アメリカの独立は前近代的な社会制度を改革はしたものの、奴隷制の存続と先住民の権利が無視される等の限界があった。

　⓾ ジョン・ロック　영국의 철학자. 그의 저서 『통치이론』 등에서 명예혁명을 이론적으로 정당화하였으며, 사회계약과 저항권에 대한 생각은 미국 독립선언과 프랑스 인권선언에 영향을 미쳤다.

啓蒙思想の登場

　18世紀後半のフランスには⓫三部会という厳しい身分制議会が存在した。第一身分(聖職者)と第二身分(貴族)は免税の特権をもち、第三身分(市民や農民)は全人口の98％を占めているが、重税に苦しんでいた。第三身分には農民の他にも富を蓄えた都市の有産市民層(ブルジョア)がいるが、彼らはその実力に見合う権利を持てないことに不満を感じていた。

　そのような都市の市民層を中心に、絶対王政や不合理な社会制度を批判する啓蒙思想が広まった。教会や王政を激しく攻撃したヴォルテール、「法の精神」$_{1748}$で三権分立を主張した⓬モンテスキュー、「社会契約論」$_{1762}$で平等主義に基づいた人民主権論を展開した⓭ルソーが代表的である。

　⓫ 三部会　1302년, 프랑스가 소집했던 신분제의회. 1614년부터 프랑스혁명이 일어났던 1789년까지 열리지 않았다.

　⓬ モンテスキュー　프랑스의 철학자이자 정치사상가. 프랑스 절대왕정을 비판해, 정치권력을 분할하고, 균형과 억제에 의한 권력분립제의 기초를 쌓았다.

　⓭ ルソー　18세기 프랑스의 계몽사상가. '사회계약설'에 기초해서 봉건사회와 절대왕정을 예리하게 비판해, 프랑스혁명 등의 시민혁명에 큰 영향을 미쳤다.

問1 産業革命の技術革命について述べた文として誤っているものを、次の①～④のうちから一つ選べ。

① ワットは、蒸気機関を改良した。

② フルトンは、蒸気船を実用化した。

③ ジョン・ケイは力織機を発明した。

④ スティーヴンソンは蒸気機関車を実用化した。

問2 イギリスの北アメリカの植民地について述べた文として誤っているものを、次の①～④のうちから一つ選べ。

① イギリスは、18世紀前半まで北アメリカ大陸の東部地域に13の植民地を建設した。

② 植民地の北部は自営農業・商工業が中心で、南部は黒人奴隷を使用したプランテーションが発達していた。

③ イギリスから植民地に移住した人々は、北アメリカへピューリタンの勢力拡大のためだった。

④ 7年戦争の結果、イギリスがミシシッピ川以東のルイジアナを獲得した。

02DAY

- ❯ フランス革命
- ❯ ナポレオンの大陸制覇
- ❯ モンロー主義(孤立主義)
- ❯ 国民国家の形成
- ❯ ナポレオンの登場
- ❯ ウィーン体制の成立と動揺
- ❯ ウィーン体制の破綻

フランス革命

　ルイ16世は、破綻した財政を解決するため、特権身分に対する課税といった財政改革を試みた。しかし、貴族らはこれに抵抗し、身分制議会である三部会の招集を要求した。三部会の招集$_{1789}$につれて、第三身分の代表は国民議会の結成を求め、憲法制定になるまで解散しないことを誓った(「球技場の誓い」)。ルイ16世は国民議会の承認はしたが、憲法制定には武力弾圧を企てた。これに反発したパリの民衆は同年、バスティーユ牢獄を襲撃$_{1789}$し、フランス革命に火をつけた。

　フランスの国民議会は封建的特権の廃止を決める人権宣言を発表して、人間の自由平等・主権在民・私有財産の不可侵を唱った。これは近代市民社会の基本原理を明らかにするものであった。

　これに対して諸外国が武力で革命を干渉すると、国民議会は国民に呼びかけて国民軍をつくり革命を守ろうとした。ついに、国内外での反革命勢力に勝利した国民議会は、王権を停止し、新たに男子普通選挙で選ばれた議員による国民公会を招集し、フランス共和国$_{1792}$の樹立を宣言した。

ナポレオンの登場

　フランスは共和国になったが、革命防衛のため恐怖政治がしかれるなど革命政権は安定しなかった。国民はこれ以上の革命の進行を望まなくなり、安定した社会の実現を求めるようになった。

　人々は戦場で勝ち続ける軍隊の指導者の❶ナポレオン・ボナパルト$_{1769\sim1821}$に注目するようになった。国民から大きな人気を得たナポレオンは、クーデターで自ら第一統領に就任$_{1799}$し、独裁的な権限を握った。

　ナポレオンは、対外的には全ヨーロッパへ革命理念の拡張を唱えて征服戦争を展開し、対内的には、税金制度と財政を整理し、商工業育成の基礎を築く等、農民とブルジョワから幅広い支持を得た。国民からの圧倒的な支持を背景に、ナポレオンは皇帝に即位し、ナポレオン1世となった(第一帝政$_{1804}$)。

---

❶ ナポレオン・ボナパルト　가난한 가문 출신의 직업 군인으로, 왕당파의 폭동을 진압한 공으로 후에 황제의 지위까지 오른다.

ナポレオンの大陸制覇

ナポレオンは、私有財産の不可侵、法の前の平等、経済活動の自由等を唱う❷民法典(ナポレオン法典$_{1804}$)を制定公布し、フランス革命で築かれた近代市民社会の法原理を確立した。しかし、ナポレオンの征服は、被征服地に封建的支配の改革を促し、ナポレオンの支配そのものに対する抵抗の精神、民族の独立という意識を高める結果となり、諸民族から抵抗が起った。これを受けてハイチがフランスから独立し、世界初の黒人共和国$_{1804}$になった。

ナポレオンは、ヨーロッパ大陸の経済を支配するために、産業革命中のイギリスを封じ込める❸大陸封鎖令$_{1806}$を出した。しかし、ロシアが大陸封鎖令を破って、イギリスへ穀物を輸出したので、ナポレオンはロシア遠征$_{1812}$を行ったが、失敗した。

❷ **民法典(ナポレオン法典)** 사유재산권 보장·신앙과 노동의 자유·계약 자유의 원칙 등 새로운 시민 사회질서의 근본 원리들을 법적으로 성문화한 것으로, 다른 나라의 법체계에도 큰 영향을 주었다.

❸ **大陸封鎖令** 나폴레옹이 영국을 경제적으로 고립시키기 위해 내린 칙령으로 중립국이나 프랑스의 동맹국들은 영국과 무역을 해서는 안 된다는 내용이다.

ウィーン体制の成立と動揺

ナポレオンのロシア遠征の失敗を受け、ヨーロッパでは、フランス革命とナポレオン戦争による混乱からヨーロッパの秩序を再編する❹ウィーン会議$_{1814}$が開催された。オーストリアの外相のメッテルニヒが主導し、王侯貴族を中心とするヨーロッパの復古的・反動的なウィーン体制が成立した。また、この会議を通じてドイツ連邦が成立し、スイスは永世中立国となった。

しかし、諸国民は各地で自由主義・ナショナリズム(国民主義)の実現を求める運動を起した。このような動きの中で、イギリスが体制離脱の姿勢を示し、スペイン領のメキシコ$_{1821}$の独立、ポルトガル領のブラジル$_{1822}$の独立、オスマン帝国からのギリシアの独立などにより、ウィーン体制は揺れはじめた。

❹ **ウィーン会議** 오스트리아의 외상 메테르니히가 주도했기에 '메테르니히 체제'라고도 한다.

モンロー主義(孤立主義)

ラテンアメリカでの独立運動がヨーロッパの国民主義運動に影響することを恐れたメッテルニヒは、ラテンアメリカ諸国に干渉しようとした。これに対してアメリカはモンロー教書$_{1823}$を発表し、ラテンアメリカ諸国に対するヨーロッパ列強の干渉に反対した。この欧州諸国との相好不干渉の外交政策は❺モンロー主義(孤立主義)と呼ばれ、その後のアメリカの基本外交政策となった。

❺ モンロー主義(孤立主義) 유럽 각국이 아메리카대륙에 간섭하는 것을 미국에 대한 비우호적인 조치로 간주한다는 것으로, 이는 미국이 아메리카대륙에 대한 배타적인 지배권을 확보하겠다는 의지를 천명한 것이었다.

ウィーン体制の破綻

　フランスではウィーン体制に不満が高かった国民が❻７月革命$_{1830}$を起こし、立憲王政に変えた。ベルギーは、フランスの７月革命の混乱に乗じて、オランダから独立し立憲王政を成立した。その後、フランスは❼２月革命$_{1848}$を起こし、第２共和政を樹立し、男子の普通選挙を実現した。第２共和国憲法には、主権在民・三権分立・大統領制が規定された。

❻ ７月革命 '7월혁명'의 영향으로 유럽 각국에서는 자유주의 운동이 일어났다. 빈 회의로 네덜란드에 병합되었던 벨기에가 독립하는 등 유럽 각지에서 민족주의운동이 일어났다.

❼ ２月革命 '2월혁명'의 영향으로 메테르니히가 추방되었고, 빈 체제는 완전히 부너시게 되었다.

国民国家の形成

　ヨーロッパで17世紀に❽30年戦争を終結させ、ヨーロッパの国際秩序を確立するため、❾ウェストファリア条約$_{1648}$を締結した。この条約により、西欧諸国はそれぞれ平等に独立した主権をもつ主権国家ということを相互に認め合うことになった。この後、イギリスの清教徒革命$_{1641~49}$・名誉革命$_{1688-89}$とフランスの市民革命$_{1789-94}$等により絶対王政の君主に代わる「国民国家」が出現する。国民国家は、民族・言語等が同じ「国民」が主権者として形成される。

　フランス革命（七月革命$_{1830}$・二月革命$_{1848}$）は、国民国家の建設を目指すナショナリズムの動きが活発で、「諸国民の春」と呼ばれた。ヨーロッパの他地域でも市民革命が起こり、国民国家が成立した。

❽ 30年戦争 독일을 무대로 신교와 구교간에 벌어진 최대의 종교전쟁. 신교와 구교로 나뉘어 있던 유럽의 국가들이 전쟁에 가담하면서 국제전쟁으로 발전한다. 이후 국제관계에서 종교보다 정치와 경제적 이유가 중요해지기 시작한다.

❾ ウェストファリア条約 독일의 '30년 전쟁'을 끝내기 위해 체결된 유럽사상 최초의 국제회의인 베스트팔렌 회의에서 체결되었다.

問1　フランスの人権宣言の内容に含まれないものを、次の①〜④のうちから
一つ選べ。

① 三権分立

② 私有財産の不可侵

③ 自由・平等

④ 主権在民

問2　ウィーン会議についての記述として最も適当なものを、次の①〜④のう
ちから一つ選べ。

① アメリカの独立革命後の混乱を収めるための会議である。

② この会議を通じてオーストリアは永世中立国となった。

③ スイスの外相のメッテルニヒが主導した。

④ この会議を通じてドイツ連邦が成立した。

アメリカの南北戦争と発展

　アメリカは、東部の13州にミシシッピ川以東のルイジアナの地を加えて出発したが、後に、フランスからミシシッピ川以西のルイジアナ$_{1803}$を、スペインからフロリダ$_{1819}$を買収した。

　アメリカの南北の対立は建国当初から存在していた。南部は自由貿易と奴隷制の存続を願い、北部は保護貿易と奴隷制の廃止を願う人が多かった。ストウ夫人の『アンクル・トムの小屋』$_{1852}$が出版されると北部における奴隷制反対の世論は一層高まった。

　奴隷制度の反対を唱える共和党の❶リンカーンが大統領に当選$_{1860}$すると、南部諸州が離脱し、翌年、南北戦争$_{1861~65}$が起こった。リンカーンは奴隷解放宣言$_{1863}$を出し、戦局を北部に有利な方向に導いた。また、同年のゲティスバーグ演説で「人民の、人民による、人民のための政治」を説き、民主主義の理想を表明した。やがて南軍が降伏し、北部の勝利で南北戦争は終結した。

　戦争の後、憲法の修正により奴隷制度は廃止されたが、黒人問題は南部で社会・政治の問題として、その後も長く残ることになった。対外的には、太平洋側への関心が高まり、日本と日米和親条約$_{1854}$を締結し、ロシアからはアラスカを買収$_{1867}$した。

---

❶ リンカーン　미국의 16대 대통령. 남북전쟁에서 북군을 지도하여, 점진적인 노예해방을 이루었다.

19世紀のヨーロッパの再編成

①イギリス

　イギリスは、19世紀のヴィクトリア女王の治世下で繁栄の絶頂を迎えた。この時期に保守党・自由党の二大政党が交替して政権を担当する議会政治が完成された。1830年代から都市労働者を中心に展開された❷チャーティスト運動は当時は失敗したが、19世紀に男性普通選挙・秘密投票等が実現された。

　さらにエジプトのスエズ運河会社から株を買収し、インドとの通路を確保した後、インド帝国$_{1877~1947}$を成立させ、完全に植民地にしてしまう。エジプトで外国による支配の強化への反発が強まると、イギリスは単独で鎮圧し、エジプトを保護国$_{1882}$とした。

❷ チャーティスト運動　1830~40년대에 일어난 영국 노동자계급의 선거권을 요구한 운동이었으나 실패로 끝남.

②フランス

❸ルイ・ナポレオンがクーデターを起して議会を解散し、翌年国民投票の圧倒的支持で、皇帝ナポレオン 3 世として即位$_{1851}$した(第二帝政)。第二帝政は、大規模な公共事業を行い、国内産業を育成する一方で国民の人気を維持するため、積極的な対外侵略政策を推進した。❹クリミア戦争$_{1853}$に参戦、勝利して威信を高め、一方で中国での宣教師殺害事件をきっかけにイギリスと共同出兵し、中国と❺アロー戦争$_{1856}$を起こす。さらにインドシナへ出兵$_{1858~67}$、後のフランス領インドシナの基礎をつくった。

❸ ルイ・ナポレオン　나폴레옹1세의 조카로, 2월혁명(1848)때 대통령에 취임하였다. 후에 황제에 취임한 후, 대외 팽창과 산업 자본의 이익옹호정책을 추진하였다.

❹ クリミア戦争　러시아와 오스만투르크・영국・프랑스・프로이센・사르데냐 연합군이 크림반도・흑해를 둘러싸고 벌인 전쟁이다. 러시아가 패배한다.

❺ アロー戦争　제2의 아편전쟁이라고도 불린다.

④ドイツ

ウィーン会議でドイツ連邦が結成された後、プロイセン王にヴィルヘルム 1 世が即位して$_{1861}$、ビスマルクを宰相に登用した。ビスマルクは軍備拡張を強行(❻鉄血政策)し、プロイセンを中心に北ドイツ連邦$_{1867}$を成立する等、ドイツ統一の主導権を握った。ビスマルクは「❼社会主義鎮圧法」により社会主義者を抑圧する一方で、疾病保険・災害保険等、労働者を保護する国家社会政策を実施した(❽「アメとムチ」の政策$_{1878}$)。ビスマルク外交の基本方針は、フランスの国際的孤立化を図ることであり、国力充実のため平和協調外交と同盟政策を推し進め、ドイツ・オーストリア・イタリアで三国同盟$_{1882}$を締結した。

❻ 鉄血政策　독일의 통일은 연설이 아니라 철(무기)과 피(군대)로써 해결할 수 있다고 주장한 비스마르크의 군비확장정책.

❼ 社会主義鎮圧法　독일의 비스마르크가 사회 민주당을 진압하기 위하여 제정한 법률. 1890년까지 존속하였다.

❽ 「アメとムチ」の政策　비스마르크는 사회주의의 온상인 빈곤을 해결하기 위해 사회보험법을 최초로 실시하는 한편, 사회진압법을 만들어 사회주의자를 탄압한 정책.

⑤ロシア

　バルカン半島の確保のために**❾南下政策**を進めていたロシアは、ギリシア正教徒保護の名目でオスマン帝国領内に侵入し、クリミア戦争$_{1853\sim56}$を起こしたが、敗れた。ヨーロッパ最大の後進国で、農奴制が強固であったロシアは、クリミア戦争の敗北をうけ、近代化の必要性を痛感して**❿農奴解放令**$_{1861}$を発布し近代化への足を踏み出す。

---

　❾ 南下政策　겨울에도 얼지 않는 부동항을 얻기 위한 러시아의 남진 정책.

　❿ 農奴解放令　이동의 자유 없이 땅에 묶여서 평생을 살아야 했던 농노들을 해방시킨 정책이지만, 현실적으로 농노들은 그 해방의 대가로 더 가혹한 세금과 대가를 지불해야 했다.

オスマン帝国の衰退

　産業革命の進行に伴って、列強の植民地への需要が増加し、オスマン帝国領を植民地にしようとする関心が高まると同時に、オスマン帝国の衰退を背景にアラブ人などの民族運動も活発になった。かつてはヨーロッパをしのぐ繁栄を誇り、3大陸にまたがる大帝国であった**⓫オスマン帝国**は、19世紀になると軍事的・財政的に弱くなって、ロシアやオーストリアに領土を奪われた。

　⓫ オスマン帝国　오스만 제국(1299~1922)은 13세기 말 아나톨리아 반도에서 등장하였으며, 다민족·다종교 국가로서 아시아·아프리카·유럽의 3개 대륙에 걸친 광대한 영토를 통치했다.

列強の進出とナショナリズム

　19世紀初め、バルカン半島はオスマン帝国が支配していたが、その支配下にある諸民族は、ナショナリズムの影響とオスマン帝国の衰退を背景に独立運動を展開した。こうした運動は、中東やバルカンに利害関係をもつ列強の干渉を招いた。この国際問題を**⓬東方問題**とよぶ。特に不凍港建設を目指すロシアは、しきりに南下政策を推進し、東方問題にかかわったが、南下政策は阻止された。バルカン半島一帯は、ヨーロッパとロシアの支配を巡って国際的な緊張が高まった。ヨーロッパ諸国がアジア進出をねらうようになると、その通過点となるバルカン半島での国際的な緊張が高まり、「ヨーロッパの火薬庫」といわれた。

　⓬ 東方問題　동방이란 서유럽 쪽에서 동지중해·소아시아·발칸 등지를 가리키는 말로, 오스만투르크제국이 쇠퇴하는 과정에서 그 지역의 여러 민족과 영토를 둘러싸고 전개된 강대국의 문제들을 가리킨다.

帝国主義の登場

　19世紀後半から欧米の列強では、重化学工業が発展し、国内市場を独占する大企業が現れた。大企業が発展した欧米諸国は、海外に工業製品の市場や原料を求めるようになった。このような膨張主義の特徴をもった資本主義の段階を[13]帝国主義と呼ぶ。

　帝国主義は、1870年代から20世紀初めにかけて明らかとなり、世界は欧米列強によって次々に分割されていった。アジア・太平洋地域やアフリカは、欧米列強に支配される植民地や勢力範囲として世界経済に組み込まれた。工業力と資本力を背景に早く植民地獲得に乗り出したイギリスやフランスより手遅れたドイツは、英仏に植民地の再分配を求め、対立した。

---

[13] **帝国主義** 제국주의의 의미는 한 국가가 다른 국가를 침략하는 행위이며, 19세기 말부터 제1차 세계대전까지의 선진자본주의 국가들의 세계적 팽창정책을 의미한다.

問 1 アメリカの南北戦争についての記述として誤っているものを、次の①～④のうちから一つ選べ。

① 奴隷制反対の世論は、トマス・ペインの『コモン・センス』が出版されると一層高まった。

② 奴隷制度の反対を唱える北部出身のリンカーンが大統領に当選すると、翌年、奴隷制度の存続を支持した南部との間で南北戦争が起った。

③ リンカーンはゲティスバーグ演説で「人民の、人民による、人民のための政治」を説き、民主主義の理想を表明した。

④ リンカーンは奴隷解放宣言を出し、南北戦争の戦局を北部に有利な方向に導いた。

問 2 ビスマルクに関連して述べた文として正しいものを、次の①～④のうちから一つ選べ。

① ビスマルクの外交の基本方針は、イタリアの国際的孤立化を図った。

② ビスマルクはプロイセンを中心に北ドイツ連邦を成立するなど、ドイツ統一の主導権を握った。

③ ドイツ皇帝ヴィルヘルム１世は、即位後にビスマルクと対立し、退任させた。

④ ビスマルクは、オーストリア・フランスと共に三国同盟を結成した。

04DAY

QRコードで解釈 보기

アフリカ分割

ビスマルクが主催した❶ベルリン会議$_{1878}$で、アフリカ分割の原則が「最初に占領した国が領有できる」と定められたのでアフリカ分割競争が激化した。

❷スエズ運河を支配$_{1875}$したイギリスは、エジプトのカイロと南アフリカのケープタウン、インドのカルカッタを結ぶアフリカ縦断政策である❸３C政策を進めた。この政策はアフリカ横断を目指すフランスの政策と衝突し、❹ファショダ事件$_{1898}$を起こすが、フランスの譲歩で英仏関係が好転した。

ドイツも遅れて、東アフリカ・南西アフリカへ進出し、オスマン帝国とも結んで、西アジアへの進出を図った。さらにドイツはベルリン・ビザンチウム・バグダッドを結ぶ❺３B政策を進め、イギリスとの対立を深めていった。

---

❶ **ベルリン会議** 독일의 베를린에서 열린 국제회의로, 서구 열강들이 아프리카 식민지 분할을 공식화하는 계기가 되었다.

❷ **スエズ運河** 아시아와 아프리카 대륙의 경계에 건설된 세계 최대의 해양운하이다.

❸ **3C政策** 영국이 취한 제국주의적 식민지 확대정책이다.

❹ **ファショダ事件** 아프리카 횡단정책을 추진하던 프랑스군이 수단의 파쇼다에서 프랑스 국기를 게양한 것을 계기로 영·프간에 발생한 충돌 위기.

❺ **3B政策** 19세기 말부터 제1차 세계대전까지 독일이 행한 제국주의적 근동(近東)정책. 베를린·비잔티움·바그다드를 연결하는 철도부설과 그 주변의 이권 개발을 목표로 한 정책을 말한다.

太平洋分割

オーストラリアは、一時イギリスの流刑地とされていたが、牧羊業の発達や金鉱発見で、18世紀後半からイギリスから自由移民が増えた。19世紀半ばからはニュージーランドでもイギリス人の植民が進んで牧羊業が盛んになった。

アメリカは、❻米西戦争$_{1898}$に勝利後、ハワイを併合し、スペインからプエルトリコ・フィリピン・グアムを獲得し、カリブ海からさらに太平洋に進出した。さらに、パナマから運河地帯を租借し❼パナマ運河建設を着工した$_{1904}$。

---

❻ **米西戦争** 쿠바인의 스페인 본국에 대한 반란으로부터 비롯되었다. 이 반란은 스페인 본국의 쿠바인에 대한 압제 정치와 설탕에 대한 관세에 따른 경제적 불황이 그 직접 원인이었다. 쿠바에 투자했던 미국인의 손실이 커짐에 따라 미국과 스페인 사이에 일어난 전쟁이다.

❼ **パナマ運河** 남미와 북미를 연결하는 파나마 지협을 종단하는 운하. 1914년에 개통된 뒤 미국이 관할하다가 1999년 운하의 전권을 파나마에 이관하였다.

東南アジア分割

　ヨーロッパ諸国は、19世紀末までにタイを除く東南アジアを植民地とし、コーヒーやゴム等のプランテーションを始めた。これによって、インドや中国から大量の労働移民が流入し、民族構成の複雑な多民族の社会が東南アジアに形成された。

　オランダは、ジャワ島を中心に貿易活動をしながらコーヒー等の強制栽培制度を導入して巨額の利益をあげた。イギリスはインド支配を確立し、シンガポールを獲得$_{1819}$し直轄植民地とした。また、最重要植民地のインドを守るために、ロシアの南下政策を遮った。さらに、マレー連合州を結成$_{1895}$して錫の生産や天然ゴムのプランテーション経営に乗り出した。フランスは、ベトナムを保護国$_{1883}$とし、後にラオスも加えて、フランス領インドシナ連邦$_{1887}$を成立させた。

中国の動揺

　18世紀末、清朝の統治力は弱まっていた。この頃、イギリスは清から茶・生糸等を輸入していたが、清に輸出できる商品は少なかった。清朝へ支払う銀の不足で苦しんでいたイギリスは、この問題を解決するために、清の茶をイギリスへ、イギリスの機械製綿布をインドへ、インド産のアヘンを清への三角貿易を行うようになった。

　アヘン流入が激増した清朝は、深刻なアヘンの害毒と財政難に見舞われ、大量のイギリスのアヘンを没収し、アヘン禁輸措置をとった。するとイギリスは❽アヘン戦争$_{1840~42}$を起して清朝をやぶり、不平等条約の南京条約を結んで、ホンコン(香港)を割譲することになった。

---

❽ **アヘン戦争**　아편을 둘러싼 중국과 영국과의 전쟁으로, 중국이 패해 불평등조약인 남경조약을 체결하여, 중국은 반 식민지상태가 된다.

日本の近代化

　アメリカのペリーが黒船で日本へ来航$_{1853}$すると、幕府は翌年、日米和親条約$_{1854}$を結び開国した。開国をきっかけに日本国内の対立は深刻化したが、ついに❾江戸幕府は崩壊し新政府は❿明治維新$_{1868}$を進めていった。

　政治では、廃藩置県を行って中央集権を確立し、君主権の強いプロイセンの憲法を参考した大日本帝国憲法$_{1889}$(明治憲法)を制定した。経済では、⓫殖産興業政策で工業化を進め富国強兵を目指した。繊維産業の機械化によって、欧米には生糸輸出をし、中国には綿糸輸出をした。

❾ 江戸幕府(1603~1867)　徳川家康가 천하통일을 이루고 에도(江戸＝東京)에 수립한 일본무가정권.

❿ 明治維新　일본 메이지천황 때 막번(幕藩)체제를 무너뜨리고 왕정복고를 이룩한 변혁과정. 일본 자본주의 형성의 기점이 된 시기로, 대체로 1853~77년 전후로 잡고 있다.

⓫ 殖産興業政策　부국강병을 위해서 구미의 새로운 산업을 이식하고, 상업과 산업의 부흥을 이루기 위한 국가 주도형 경제 체제이다.

日本の帝国主義

　アジアで最初に産業化を遂げた日本だが、まだ日本国内での賃金が安いため、大衆の購買力は増加せず、国内市場は狭かった。従って、日本は国外市場の拡大のための戦争や侵略へと結び付かざるを得なかった。朝鮮を巡った日清戦争$_{1894}$で勝利した日本は、莫大な賠償金をもとに欧米諸国と同じ金本位制を採用し、世界貿易へ乗り出した。

　⓬日英同盟$_{1902}$を結んだ日本は、イギリスの支持を背景にして、日本との対立を強めたロシアと⓭日露戦争$_{1904}$を起した。アメリカの仲介でポーツマス条約$_{1905}$を結んだ日本は、日露戦争後に朝鮮の植民地化を進め、朝鮮を併合$_{1910}$した。日本は帝国主義列強の一角に食い込みながら、東アジアで勢力を拡大していった。

⓬ 日英同盟　영국과 일본이 러시아를 공동의 적으로 하여 러시아의 동진을 방어하고 동시에 동아시아의 이권을 함께 분할하려고 체결한 조약.

⓭ 日露戦争　만주와 조선의 지배권을 두고 러시아와 일본이 벌인 전쟁. 러시아의 패배로 끝났으며, 승리한 일본은 조선에 대한 지배권을 확립하고 만주로 진출할 수 있게 되었다.

勢力均衡体制

　帝国主義の時代には、他の強国と同盟関係を結ぶことによって自国の力を強めていこうとする動きが目立ちはじめた。ドイツは、オーストリアとイタリアの間で三国同盟$_{1882}$を結成し、フランスの孤立化を図った。19世紀に経済的にも軍事的にも最強国であったイギリスは、ロシアの南下政策の阻止のために日英同盟$_{1902}$を結び、その後、英仏協商$_{1904}$と英露協商$_{1907}$を結んだ。

　これによって、独・墺・伊の三国同盟と英・仏・露の三国協商がヨーロッパで対立することになった。こういう体制を⓮勢力均衡体制というが、これは国家間の力の釣り合いとそれを通じて安定を維持しようとするものであるが、軍事力のバランスが崩れると戦争の原因になってしまう。

⓮ 勢力均衡体制　다수의 국가군들 간에 세력의 균형관계를 유지함으로써 관계 국가들의 국가적 이익의 추구를 용이하게 하려는 나라 정책.

問1　アメリカが米西戦争に勝利した後、獲得した領土について述べた文として誤っているものを、次の①～④のうちから一つ選べ。

① グアム獲得

② フィリピン獲得

③ コスタリカ獲得

④ ハワイ併合

問2　オランダがジャワ島で施行した強制栽培制度について述べた文として正しいものを、次の①～④のうちから一つ選べ。

① この制度により、オランダは大きな損失を被った。

② コーヒー・サトウキビなどの商品作物が栽培された。

③ この制度は、ジャワ島に巨額の利益をあげた。

④ 米などの食糧を自給するために行われた。

05DAY

- ➲ 第一次世界大戦(1914~18)
- ➲ 総力戦
- ➲ 国際連盟
- ➲ 第一次世界大戦後の世界
- ➲ ロシア革命
- ➲ パレスチナ紛争の種
- ➲ ワシントン会議

QR코드로 해석 보기

第一次世界大戦(1914~18)

　勢力均衡体制は、バルカン半島の緊張を高め、第一次世界大戦へとつながっていった。バルカンでは、ゲルマン民族の支配力を強めようとする❶パン・ゲルマン主義と、スラブ民族の支配力を強めようとする❷パン・スラブ主義が対抗していた。

　こういうバルカンの緊張は、❸サラエボ事件1914をきっかけに戦争につながる。戦争はすぐに、ドイツ・オーストリア側（同盟国側）とイギリス・フランス・ロシア側（協商国側）との戦いとなり、遅れて、日英同盟を結んでいた日本も参戦し、世界に広がっていった。当初、モンロー主義のもとで中立を保っていたアメリカは、ドイツの❹無制限潜水艦作戦によって自国の商船が撃沈されると、協商国側で参戦1917した。

❶ パン・ゲルマン主義　제1차 세계대전 전에, 독일의 주도하에 전게르만족을 규합하여 세계지배를 실현하려고 한 주장.

❷ パン・スラブ主義　슬라브민족의 유대와 통일을 목표로 한 정치·사회사상운동.

❸ サラエボ事件　오스트리아 황태자 부부가 사라예보에서 암살된 사건으로, 제1차 세계대전이 시작되는 계기가 되었다.

❹ 無制限潜水艦作戦　제1차 세계대전 중 독일이 실시한 작전. 이 작전으로 독일은 중립국 선박에까지 공격을 가함으로써 미국이 연합군에 참전하게 된 계기가 되었으며, 미국의 참전은 연합국의 승리에 결정적인 역할을 하였다.

ロシア革命

　第一次世界大戦が長期戦になったことで、参戦国の間では様々な不満が生じていた。ロシアでは、食料を求めるデモ1917が起こった。これをきっかけとして、皇帝が退位し、臨時政府が成立した(３月革命)。

　臨時政府のもとでもロシアは戦争を続けたため、戦争反対を唱える革命政党ボリシェヴィキの指導者である❺レーニンは、同年11月、臨時政府を倒してソヴィエト政権を打ち立てた(11月革命)。レーニンはロシア共産党による一党独裁を確立し、内戦と干渉戦に勝利したのち、ソヴィエト社会主義共和国連邦(ソ連)1922を成立させた。

❺ レーニン　러시아의 혁명가·정치가. 소련 최초의 국가 원수. 러시아 '11월혁명(볼셰비키혁명)'의 중심인물로서 러시아파 마르크스주의를 발전시킨 혁명이론가이자 사상가이다.

総力戦

　第一次世界大戦は、戦争に加わった国々の国民や物資が、戦争のために全面的に動員される❻総力戦となった。戦争の後には、総力戦に貢献した大衆に参政権が認められて、大衆政治の時代が到来し、それと同時に女性の社会的地位が向上した。総力戦体制のもとで、交戦国が支配していた植民地の人々や物資も、戦争のために動員された。

---

❻ **総力戦** 전쟁목적을 달성하기 위하여 국가가 가진 모든 분야의 총력을 기울여서 수행하는 전쟁 형태.

パレスチナ紛争の種

　総力戦では、各国とも戦争を有利にするための秘密外交を活発に展開することになった。イギリスは、アラブ人に対して、戦争への協力をひきかえにオスマン帝国からの独立を約束した「❼フセイン・マクマホン協定1915」を秘密に締結した。だが、オスマン帝国領の分割協定である英・仏・露の「❽サイクス・ピコ協定1916」とは矛盾である。

　また、イギリスはユダヤ系の金融資本の協力を得るために、パレスチナでのユダヤ人民族国家の建国支援を約束する「❾バルフォア宣言1917」をした。そのためパレスチナに移住してきたユダヤ人と、先住のアラブ人との間に深刻な対立を生じさせ、パレスチナ紛争の種になっている。イギリスは両者の調整を果たせず、第二次世界大戦後、問題の解決を国連に委ねた。

---

❼ **フセイン・マクマホン協定** 아랍 민족이 연합국 측에 서서 전쟁에 참여하는 조건으로, 전후 아랍 국가의 독립을 지원한다는 것을 골자로 하고 있다.

❽ **サイクス・ピコ協定** 오스만 제국의 아라비아 반도 외 아랍 지역을 미래의 영국과 프랑스 지역으로 분할했다.

❾ **バルフォア宣言** 영국이 팔레스타인에서 유대인들을 위한 민족국가를 인정한다는 약속이다.

国際連盟

　第一次世界大戦が終わった後、戦勝国とドイツとの間でパリ講和会議が開かれ、ヴェルサイユ講和条約1919が調印された。この講和条約は、ドイツにすべての植民地を放棄させ、きびしい軍備制限と巨額の賠償金の支払いを課した。

　また、アメリカ大統領のウィルソンが提唱した14カ条の平和原則に基づいて、戦後の新しい国際機構として国際連盟の設立が決定された。国際連盟は、国際平和を維持するために、集団安全保障の原理を採用したが、アメリカの不参や総会決議が全会一致であること等から、その力は当初から制約を受けた。

ワシントン会議

国際連盟に不参したアメリカは、ヨーロッパの戦後秩序となったヴェルサイユ体制とは別に、アジア・太平洋地域での戦後の国際秩序の構築を目指した「ワシントン会議1921」を開いた。中国の独立と主権を尊重することを約束した「❿9ヵ国条約」や、太平洋での平和維持と領土の現状維持を取り決めた「⓫4ヵ国条約」が結ばれた。一方、日英同盟の終了も宣言された。

また、この会議では海軍拡大をめぐる戦争が第一次世界大戦をひき起こす要因の一つであったことの反省から、各国は海軍軍縮に同意した。さらに、軍縮と平和を目指す様々な動きは、戦争そのものを違法とする⓬パリ不戦条約1928を結んだ。

---

❿ **9ヵ国条約** 극동에서 사태의 안전을 기하고 중국의 권익을 옹호하며, 기회균등의 원칙하에 중국과 열강들 간에 교통(交通)을 증진할 것을 목적으로 하고 있다.

⓫ **4ヵ国条約** 미국・영국・프랑스・일본 등 4개국이 조인한 조약으로, 태평양상의 국제 안전보장에 관한 내용으로, 미국 주도로 성립되었다. 그리고 영・일 동맹을 폐기한다는 것 등을 규정하였다.

⓬ **パリ不戦条約** 국가 정책 수단으로 이용되는 전쟁을 없애기 위해 맺은 전쟁포기에 관한 다자간 협정이다.

第一次世界大戦後の世界

第一次世界大戦でオーストリア・ドイツ・ロシア等の帝国が崩壊し、戦後、東欧には多くの独立国が誕生した。イギリスは、アイルランドの建国1922を認め、初の労働党政権であるマクドナルド内閣1924が成立した。

ドイツは革命が起き、⓭ワイマール共和国1919となり、世界最初に社会権が含まれたワイマール憲法が制定された。戦後、ドイツは深刻なインフレが起きたが、やがて経済は回復し、国際連盟にも加入1926できた。

オスマン帝国は、ドイツ側に立ち戦ったが、敗戦後、解体し多くの領土を失った。オスマン帝国の軍人であった⓮ムスタファ・ケマル(ケマル・パシャ)はオスマン帝国を滅亡させ、⓯ローザンヌ条約1923を結び、トルコ共和国を成立させた。アンカラを首都として、イスラム圏では最初に政教分離・太陽暦の採用等、ヨーロッパの近代化に従う改革を進めた。

インドでは、大戦中に約束した自治を認めないイギリスに対して、⓰カンジーは非暴力不服従運動1930を展開した。

アメリカは、第一次世界大戦によって、ヨーロッパ諸国の債権国として世界一の経済大国になった。

日本は、国際連盟の常任理事国となって、国際社会での地位を確保するが、東アジアでの勢力拡大は列強の警戒心をまねいた。また、ロシア革命に干渉し、シベリ

ア出兵を行ったが、成果はあげられなかった。

❸ ワイマール共和国 독일혁명에 의해 성립하여 히틀러의 나치스 정권 수립으로 소멸된 독일 공화국의 통칭.

⓮ ムスタファ・ケマル(ケマル・パシャ) 터키의 개혁가이자 초대 대통령. 민족독립전쟁을 일으켜 그리스군을 격퇴하였으며, 정치개혁으로 술탄제도를 폐지하고 연합국과 로잔조약을 체결하였다. 공화제를 선포하고 대통령이 되었으며 정당정치를 확립하였다.

⓯ ローザンヌ条約 1923년에 터키 공화국이 수립된 후에 스위스 로잔에서 터키와 연합국이 세브르 조약에 대한 제약을 없애기 위해서 다시 체결한 조약이다.

⓰ カンジー 인도의 정치가·사상가로 인도 독립의 아버지로 여겨진다. 인도에서 불복종·비폭력주의에 의해 인도의 민족운동을 지도했다.

확인문제

問 1　第一次世界大戦(1914〜1918)について述べた文として正しいものを、次の①〜④のうちから一つ選べ。

① イギリスの無制限潜水艦作戦により、アメリカ合衆国が参戦した。

② 日本は、三国同盟の加盟国として遅れて参戦した。

③ サラエボ事件をきっかけに勃発した戦争である。

④ アメリカは、モンロー主義のもとで中立を保ったまま、参戦しなかった。

問 2　第一次世界大戦後の世界情勢について述べた文として誤っているものを、次の①〜④のうちから一つ選べ。

① オスマン帝国は解体され、イスタンブールを首都としたトルコ共和国が成立された。

② インドでは、イギリスに対してカンジーが非暴力不服従運動を展開した。

③ アメリカ合衆国は、ヨーロッパ諸国の債権国として世界一の経済大国になった。

④ ドイツは革命が起き、ワイマール共和国となった。

정답 1. ③　2. ①

06DAY

- ❯ 世界恐慌
- ❯ ファシズムの台頭
- ❯ 第二次世界大戦(1939〜45)
- ❯ 連合国の勝利
- ❯ 各国の恐慌対策
- ❯ 日本の軍国主義
- ❯ 太平洋戦争(1941〜45)
- ❯ ブレトンウッズ体制

世界恐慌

　世界中からアメリカへ集まる資本はゆきすぎた株式投機をまねき、かつてない規模の恐慌が始まった。恐慌は、アメリカからの資金に依存するようになっていたヨーロッパ諸国に広がり❶世界恐慌₁₉₂₉となった。恐慌による打撃で、大量の失業者が生まれ、政治状況が極めて不安定となった。

　経済的基盤や民主主義が弱体していたドイツ・イタリア・日本は、全体主義と軍国主義の体制を確立し、武力による対外進出に活路を見い出し、これは❷ファシズム勢力の台頭を許す条件となった。

---

　❶ 世界恐慌　미국 뉴욕 월가의 주가 대폭락이 발단이 된 세계적인 경제공황. 이 공황으로 인해 식민지를 가진 나라들은 블록경제를, 식민지가 없는 나라들은 파시즘을 택하게 된다.

　❷ ファシズム　1919년 이탈리아의 무솔리니가 주장한 국수주의적・권위주의적・반공적인 정치적 주의 및 운동을 말한다.

各国の恐慌対策

　アメリカの❸フランクリン・ローズヴェルト大統領は、❹ニューディール政策₁₉₃₃~₃₉を推進し、恐慌を抜け出そうとした。同政策は従来の自由放任経済を修正し(修正資本主義)、政府が市場機構に介入して国民諸階層の利害を調整することを目指した。

　イギリス・フランスは、不景気が終わるのを待ったが、混乱は増すばかりであった。すると、自国の海外の植民地や勢力圏、自治領の中から他国の商品を締め出し、自国だけの排他的な経済圏をつくり景気の回復を図るブロック経済を行った。

---

　❸ フランクリン・ローズヴェルト　미국의 32번째 대통령으로 대공황과 제2차 세계 대전을 모두 경험했다. 그는 뉴딜 정책을 통하여 미국이 대공황에서 벗어나도록 도왔으며, 제2차 세계 대전 때 연합군에 동참하여 전쟁을 승리로 이끌었다.

　❹ ニューディール政策　미국의 전통적인 자유방임주의가 포기되고, 정부권력에 의한 통제가 행하여졌으며, 케인즈의 경제학을 받아들여 미국 자본주의를 수정하게 되었다.

ファシズムの台頭

　世界恐慌の後、民主主義や資本主義の歴史が浅い国々の一部に、国家による強力な社会統制を目指すファシズムが台頭した。

　ドイツで❺ヒトラーが指導していた国民社会主義ドイツ労働者党(ナチス)もその

一つであった。ナチスは、世界恐慌によってドイツ経済が激しい打撃を受ける中で、巧みな宣伝術で勢力を伸ばし、政権掌握に成功し、ワイマル共和国を消滅$_{1933}$させた。

イタリアのファシスト党の❻ムッソリーニは恐慌による行き詰まりの打開を目指して、エチオピアを攻撃し征服$_{1935}$に成功した。さらに、ヴェルサイユ体制のもとでの軍備制限をやぶって軍備増強を開始したドイツとの間で、ベルリン・ローマ枢軸という同盟関係をつくりあげた。

---

❺ ヒトラー　독일의 정치가이며 독재자로 불린다. 게르만 민족주의와 반 유태주의자를 내세워 1933년 독일수상이 되었고, 1934년 독일 국가원수가 되었으며 총통으로 불리었다. 제2차 세계대전을 일으켰다.

❻ ムッソリーニ　이탈리아의 파시즘적 독재자. 마르크스주의의 영향을 받았으나, 제1차 세계대전이 발발하자 우익으로 전향해, '파시스트당'을 결성한 후, 강경외교 정책으로 국제 연맹과 그리스를 위협하면서 독재 정치를 강행하였다.

日本の軍国主義

明治維新以降、日清戦争$_{1895}$・日露戦争$_{1904}$・朝鮮の併合$_{1910}$等で第１次世界大戦後、植民地を持つ列強としての地位を固めた日本は、ワシントン会議$_{1922}$で軍備が制限されたことに不満を抱いていた。日本の野心的な軍国主義は英米との対立を招き、日本をドイツやイタリアに接近させた。世界恐慌を打開するために❼満州事変$_{1931\sim33}$を起こした日本は、「満州国」を成立させたが国際連盟に認められず国際連盟を脱退した。以降、日本は中国への侵略戦争である❽日中戦争$_{1937\sim45}$を始め、世界の緊張は一層高まった。

---

❼ 満州事変　일본의 만주 침략전쟁. 일본의 관동군이 남만주철도를 폭파하는 사건을 일으켰다. 이 사건을 구실로 일본은 중국동북지방에 본격적으로 군사 개입한다.

❽ 日中戦争　일본의 중국에 대한 전면적인 침략전쟁. 전쟁이 장기화됨에 따라 일본은 국면을 타개하기 위해 태평양 전쟁으로 전선을 확대한다.

第二次世界大戦(1939〜45)

ドイツのヒトラーは、ドイツ民族統合を口実としてオーストリアを併合$_{1938}$し、さらにドイツ人が多く居住するチェコスロヴァキアのズデーテン地方の併合を要求した。これに対してイギリス等ほかの強国は、効果的な対抗策を取ろうとはせず、❾宥和政策をとり、ドイツにズデーテン地方併合$_{1938}$を承認した。

しかし、ドイツはチェコスロヴァキアを保護国$_{1939}$とし、同年８月にソ連と❿独ソ不可侵条約を結び、ポーランドに侵入する。これに対して、イギリスとフランスがドイツへ宣戦布告を行い、ヨーロッパでの第二次世界大戦が始まった。ドイツはソ連との不可侵条約も破って、ソ連とも開戦$_{1941}$した。

❾ **宥和政策** 상대국의 적극적인 정책에 대하여 양보·타협을 위주로 하는 무마정책. 제2차 세계대전 발발 전 수년간의 영국의 독일·이탈리아에 대한 정책을 들 수 있다.

❿ **独ソ不可侵条約** 독일이 폴란드를 침공할 경우 소련은 발트 해 연안국을 차지하는 것뿐만 아니라 폴란드도 독일과 분할하여 차지한다는 것에 동의한다는 것이다. 그 대가로 상대방을 공격하지 않는다는 조약이다.

太平洋戦争(1941〜45)

日中戦争$_{1937~45}$の最中に、満州国建国などで国際的に孤立してしまっていた日本は、ドイツの勢いに乗ることにする。ドイツと同じくファシズムに走っていたイタリアとも手を組み、日独伊三国軍事同盟$_{1940}$を結んだ。

一方、日本は石油・ゴムなど重要資源を求めてベトナムのサイゴンへ軍を進める。これに危機感を募らせたアメリカは、日本の侵略行為に対して強力に抗議し日本軍の撤退を求め、日本に対して石油の輸出を全面禁止する。これに不満を抱く日本は、アメリカ領のハワイの真珠湾とイギリス領のマレー半島を攻撃し、太平洋戦争$_{1941~45}$を始める。

日本がイギリスやアメリカ等の連合国との間に開戦したことを受けて、日本と同盟であるドイツとイタリアがアメリカに宣戦布告したことで、名実ともに世界大戦となった。

連合国の勝利

アメリカ大統領ローズヴェルトとイギリス首相**⓫**チャーチルが**⓬**大西洋憲章$_{1941}$を発表し、戦争目的はナチスの打倒と戦後の平和構想にあることを明確にした。戦局は、日本はミッドウェー海戦$_{1942}$でアメリカに大敗し劣勢に落ち、イタリアは降伏$_{1943}$した。ヤルタ会談$_{1945}$では、ドイツへ無条件降伏と英・米・仏・ソによる共同管理を決定した「ヤルタ協定」を結んだ。ドイツの無条件降伏$_{1945}$により、ヨーロッパにおける戦争は終結した。

ドイツ降伏後に開かれたポツダム会談$_{1945}$では、日本の無条件降伏を勧告したが、日本は降伏をしなかった。アメリカは広島・長崎に原子爆弾を投下し、日本は降伏した。これで戦争は終結した。

⓫ **チャーチル** 영국의 정치가로 유화 정책에 반대하며 영국·프랑스·소련의 동맹을 제창하였다. 제2차 세계대전 중에 노동당과의 연립내각을 이끌고 루스벨트, 스탈린과 더불어 전쟁의 최고 정책을 지도했다. 이후 반소 진영의 선두에 섰으며 1946년 '철의 장막'이라는 신조어를 만들어내기도 했다.

⓬ **大西洋憲章** 제2차 세계대전 중인 1941년 윈스턴 처칠과 루즈벨트가 대서양에서 회담, 전후의 세계 질서에 대하여 14개조의 평화조항으로 된 구상을 발표하였다. 이 내용은 전후에 성립한 유엔의 원칙이 되었다.

ブレトンウッズ体制

　戦後の世界経済の建て直し策を協議するためにブレトンウッズ会議₁₉₄₄が開かれた。同会議でドルを基軸通貨とすることと、国際通貨基金(IMF)と国際復興開発銀行(IBRD)の設立が合意され、新しい国際金融体制である❸ブレトンウッズ体制が確立された。その後、関税及び貿易に関する一般協定(GATT)₁₉₄₇が成立し、貿易障壁を取り除き国際貿易を促す体制が誕生した。

---

❸ ブレトンウッズ体制　국제적인 통화제도 협정에 따라 구축된 국제 통화 체제이다. 제2차 세계대전 종전 직전인 1944년, 미국 뉴햄프셔 주 브레튼 우즈에서 열린 연합국 통화 금융 회의에서 탄생되었다. 44개국이 참가했다.

問1 第二次世界大戦中に起った出来事について述べた文として正しいもの
を、次の①〜④のうちから一つ選べ。

① ベルギーがオランダから独立した。

② アジア＝アフリカ会議が、バンドンで開かれた。

③ 日本軍がシンガポールを占領した。

④ ロシア革命が起った。

問2 フランクリン＝ローズヴェルト大統領の政権下におけるアメリカ合衆国
について述べた文として正しいものを、次の①〜④のうちから一つ選
べ。

① ニューヨーク株式市場において株価が暴落し、大恐慌が始まった。

② ヨーロッパへの経済援助のため、マーシャル＝プランを発表した。

③ スペインとの戦争に勝利し、ハワイを併合した。

④ ニューディール政策を推進し、恐慌を抜け出そうとした。

정답 1.③ 2.④

DAY 07
❯ 国際連合の成立
❯ 米・ソの対立
❯ 冷戦の拡大
❯ 国際連合の仕組み
❯ 冷戦の始まり

QRコードで解釈 보기

国際連合の成立

　第二次世界大戦末期に、国際連盟に代わる新しい国際機構を作る構想が立てられた。その結果、サンフランシスコで国際連合憲章$_{1945}$が調印され、51ヵ国による❶国際連合が誕生した。

　国連は常設の国際平和維持機構で、無力だった戦前の国際連盟への反省から国連軍設置の権限を持ち、安全保障理事会の常任理事国(米・ソ・英・仏・中)に拒否権を認めた。また国際的な通貨安定のため、国連内の専門機関として国際通貨基金(IMF)を設置した。

　国連は、加盟国の武力行使に加えて武力の威嚇も原則禁止とした。また、議決方法も全会一致方式を止めて、多数決原理を採用することで意思決定を容易にし、国際連盟の欠陥の克服を図った。国連は、南スーダンの加盟$_{2011}$までして、2017年現在、加盟国193ヵ国で世界のほぼ全ての国が加盟している国際機構である。

---

❶ **国際連合** 국제연맹의 정신을 계승하여 제2차 세계대전 후 국제평화와 안전의 유지, 국제 우호 관계의 촉진, 경제 · 사회 · 문화 · 인도적 문제에 관한 협력 등의 목적으로 설립된 국제평화기구이다.

国際連合の仕組み

　国際連合は、世界の平和と民主主義を守り、基本的人権を尊重すること等を目的とした国際組織としてつくられた。平和を守るための❷集団安全保障の制度は、軍事裁判をも含むものになり、国際連盟に比べ強化された。

　国連は、全加盟国からなる総会と平和維持のために強い権限をもつ安全保障理事会・経済社会理事会・信託統治理事会・国際司法裁判所・事務局をもち、これら6機関の下に多数の委員会・専門機関を設けて活動している。

　安全保障理事会は常任理事国5ヵ国と非常任理事国10ヵ国で構成される。常任理事国（米・英・仏・ロ・中）は全会一致方式をとっているため、1国でも反対すると安全保障理事会の機能は停止する。安全保障理事会は総会に優越した権限を持つが、国連総会は、「平和のための結集」決議$_{1950}$を採択し、総会で平和の維持のために必要な措置を3分の2以上の多数によって勧告できるようにした。

---

❷ **集団安全保障** 대립관계에 있는 국가도 포함해서 관계국 모두가 그 체제에 참가해 서로 무력에 의해 공격하지 않을 것을 약속하고, 위반국에게는 집단으로 대처해 평화를 위한 안전을 서로 보장하자는 체제.

米・ソの対立

第二次世界大戦で敗戦国となったドイツは、米・英・仏・ソの4ヵ国によって分割占領され、ヨーロッパでの冷戦の焦点となった。米英仏の占領地区で経済の統合再建を目指して通貨改革$_{1948}$が行われると、それに対抗してソ連は、4国が共同で管理していたベルリンへ入る3国の交通路を遮断した(ベルリン封鎖)。これによってドイツ連邦共和国(西ドイツ)とドイツ民主共和国(東ドイツ)が誕生$_{1949}$した。

アメリカを中心とする西側陣営の軍事的協力組織として、❸北大西洋条約機構(NATO)$_{1949}$が成立すると、西ドイツも加盟$_{1955}$した。一方、ソ連は東側陣営の軍事的協力のために、ワルシャワ条約機構(WTO)$_{1955}$を組織した。東ドイツの「ベルリンの壁」構築$_{1962}$によりヨーロッパでの東西対立は深まったが、実際の戦争になるという事態は生じなかった。

---

❸ **北大西洋条約機構(NATO)** 냉전 중에, 서측 진영 국가들에 의한 집단안전보장체제. 미국을 중심으로 하는 군사동맹으로서 동측 진영과 대치해왔으나, 냉전 후에는 지역 내의 안전보장을 유지하는 조직으로서 그 성격을 바꾸었다.

冷戦の始まり

第二次世界大戦を同じ連合国側で戦ったアメリカとソ連の協力関係は、戦争が終わると次第に崩れていった。第二次世界大戦後、ソ連を中心とする社会主義陣営(東側)と、アメリカを中心とする資本主義陣営(西側)が、激しく対立するようになった。

二つの陣営はそれぞれ陣営に加わる国々や地域を増やし、軍事力で相手の陣営を圧倒しようと軍備を拡張した。米・ソは核実験を行い、核兵器の保有量と高性能化を競い合った。こうした核兵器の開発競争は、❹核抑止論の考え方に基づいていたが、この軍事的対立は米・ソ間の緊張状態が続いたことから、冷たい戦争(冷戦)と呼ばれた。イギリス首相のチャーチルは、東欧のソ連圏化になることに対し「❺鉄のカーテン」と述べ、西側の警戒心を現わした。

---

❹ **核抑止論** 핵병기를 보유해 핵병기에 의한 보복력을 갖는 것으로, 대립하는 국가에게 핵공격을 할 수 없게 함으로써 자국의 안전이 유지된다는 논리이다.

❺ **鉄のカーテン** 1946년, 처칠이 연설에서, 소련의 폐쇄적이고 비밀주의적인 긴장정책과 동유럽의 경찰국가를 격렬히 비난한 비유이다.

冷戦の拡大

アメリカのトルーマン大統領は、ギリシアとトルコへ共産主義に対抗するために軍事援助を約束する❻トルーマン・ドクトリン$_{1947}$を発表した。続いて、同年アメリカの国務長官マーシャルは、ヨーロッパの経済復興へアメリカの援助を約束する❼マーシャル・プラン$_{1947}$を発表した。

東西冷戦では、米・ソ間の直接的な軍事的衝突は避けられたものの、米・ソを後ろ楯として対立する国々の間で代理戦争が繰り返された。アジアでは朝鮮戦争$_{1950}$、ベトナム戦争$_{1965}$、その他にも、米・ソは、中東戦争とアフリカ各地の民族紛争等に介入した。

---

❻ トルーマン・ドクトリン 공산주의 세력의 확대를 저지하기 위하여 자유와 독립의 유지에 노력하며, 소수자의 정부 지배를 거부하는 의사를 가진 여러 나라에 대하여 군사적·경제적 원조를 제공한다는 트루먼 대통령의 미국외교정책.

❼ マーシャル・プラン 제2차 대전 후의 서구제국에 대한 미국의 원조계획으로, 그 목적은 서구제국의 경제성장을 촉진하고 나아가서 공산주의의 확대를 저지시키려는 것이었다.

확인문제

問1 国際連合について述べた文として誤っているものを、次の①〜④のうちから一つ選べ。

① 平和維持のために強い権限をもつ安全保障理事会は、全会一致方式をとっている。

② 国連総会は加入国の主権平等の原則に従い一国一票制を採択している。

③ 総会では「平和のための結集」決議によって、3分の2以上の多数によって平和維持のために必要な措置の勧告ができるようにした。

④ 集団安全保障の制度は、軍事裁判を含むものになり、国連連盟に比べ強化された。

問2 戦後のドイツの歴史について述べた文として誤っているものを、次の①〜④のうちから一つ選べ。

① 米・英・仏の占領地区で経済の統合再建を目指して通貨改革が行われた。

② 西ドイツは、ワルシャワ条約機構の一員となった。

③ 東ドイツは、東西ベルリンの境界に「ベルリンの壁」を構築した。

④ 第二次世界大戦後、米・英・仏・ソ4カ国によって分割占領された。

QRコードで解釈보기

08 DAY

戦後の日本

　戦後、日本は❶連合国軍(GHQ)の占領下におかれた。連合国最高司令官❷マッカーサーによって、非軍国主義化と財閥解体・労働改革・農地改革・教育改革の民主化、女性の権利拡大が進められた。そして、国民主義・平和主義・基本的人権の尊重を原則とする❸日本国憲法₁₉₄₆が公布された。

　朝鮮戦争₁₉₅₀が起こると、日本は、軍事物資等を国連軍に供給することによって、急速に経済力を回復した。アメリカは、サンフランシスコ講和会議₁₉₅₁を開き、翌年、日本は、主権を回復した。ソ連とは、日ソ共同宣言₁₉₅₆で国交を回復した。同年、日本は国連への加盟が認められ、国際社会に復帰した。

---

❶ **連合国軍(GHQ)** 포츠담선언에 기초해, 일본의 점령행정을 위해 마련된 연합국군 최고사령부.

❷ **マッカーサー** 미국의 군인(1880~1964)으로 연합국군 최고사령관이다. 대일 점령에 관여해 경제민주화, 일본국 헌법제정 등, 전후 일본의 중요한 개혁을 추진했다.

❸ **日本国憲法** 민주주의, 국민주권주의, 인권보장, 평화주의의 이념이 강하게 반영된 헌법이다.

戦後の日本の安全保障

　アメリカは、サンフランシスコ講和会議₁₉₅₁を開き、日本への連合国軍の占領を終えた。主権を回復した日本は、❹日米安全保障条約₁₉₅₁を結んで日本においてのアメリカ軍の駐留を認め、西側陣営に加わった。

　沖縄は、沖縄返還協定₁₉₇₁を結び日本に復帰したが、日米地位協定で多くの米軍基地を提供している。現在、在日アメリカ軍基地の75％が沖縄に集中している。佐藤内閣は、核兵器を「持たず、作らず、持ち込ませず」という非核３原則₁₉₇₁を決議している。

---

❹ **日米安全保障条約** 일·미간에 체결된 조약으로, 미국이 필요로 하면 일본의 어느 지역에서나 기지로서 미국이 요구할 수 있다는 조항만 있고, 미국의 방위 의무는 명시되지 않았다. 그 후, 1960년에 신 일미안전보장조약으로 개정되어 미군의 일본방위의무가 명기되었다.

アジア諸国の独立

インドでは、統一インドを目指す国民会議派と、パキスタンの分離を主張する全インド・ムスリム連盟が対立し、インド連邦とパキスタンに分離・独立$_{1947}$した。ベトナムは、独立を宣言$_{1945}$したが、❺ジュネーヴ協定$_{1954}$によって北ベトナム(社会主義)と南ベトナム(資本主義)に分かれ、東西対立の接点となった。南ベトナムを支援するアメリカは、❻ベトナム戦争$_{1960～75}$を起したが、戦争の泥沼化と国際的非難の高まりによってベトナムから撤退した。その後、ベトナムは北ベトナムの主導でベトナム社会主義共和国$_{1975}$を立てた。

---

❺ **ジュネーヴ協定** 베트남전쟁의 종결을 위하여 이에 관계된 9개국이 제네바에서 작성한 베트남·라오스·캄보디아 휴전협정과 일련의 선언(1954년)을 말한다. 미국은 이 협정에 서명하지 않았지만 무력행사를 삼간다는 내용의 단독선언을 하였다.

❻ **ベトナム戦争** 남북으로 분할된 베트남에 미국은 공산주의의 확대에 대한 불안을 느끼고 있었다. 따라서 남베트남을 반공의 거점으로 삼기 위해 남베트남을 지원하기로 하고 북베트남을 공격했으나, 국제적인 평화여론에 밀려 1973년에 평화협정을 체결하고 철수했다.

アフリカ諸国の独立

アフリカでは、「アフリカの年$_{1960}$」にナイジェリア等17ヵ国が独立した。これらの独立国は、アフリカ諸国の連帯と植民地主義の克服を目指してアフリカ統一機構(OAU)を結成$_{1963}$したが、各国は、民族間の対立や貧困等の問題に加えて、資源をめぐる国際資本の介入等、多くの困難に直面した。

発展途上国の71カ国は、❼国連貿易開発会議(UNCTAD)を設立$_{1964}$し、❽南北問題の解決を図った。発展途上国の間でも、❾新興工業経済地域(NIEs)や産油国等の富裕な国と、非産油国等の最貧国との間での経済的な格差である❿南南問題が広まっていった。

---

❼ **国連貿易開発会議(UNCTAD)** 남북문제를 검토하고, 다양한 방면으로 남북교섭을 하는 국제연합의 기관이다.

❽ **南北問題** 선진국과 발전도상국과의 사이의 경제격차의 문제에 의해 일어나는 정치·사회문제.

❾ **新興工業経済地域(NIEs)** 1970년대에 들어서서 발전도상국 중 급속한 공업화와 높은 경제성장률을 달성한 나라와 지역을 말하는데, 한국, 싱가폴, 대만, 멕시코, 브라질 등을 가리킨다.

❿ **南南問題** 개발도상국 중에서도 산유국과 경제발전을 이룬 국가 간의 경제적 격차를 말한다.

多極化する世界

第二次世界大戦後、アジアとアフリカの植民地が民族自決権の原則に基づいて、次々と独立を達成した。これらの国々は、米・ソ両陣営のいずれにも属さない第三勢力の形成を目指した。さらに、インドネシアのバンドンで⓫アジア・アフリカ会

議(A・A会議)$_{1955}$を開き、「平和十原則」を採択した。それに、ネルー、ティトー、ナセルらの提唱で、「第三勢力」の25ヵ国が参加した非同盟諸国首脳会議$_{1961}$がユーゴスラヴィアで開催された。こうして世界の多極化が始まった。

　冷戦のもとでの東西両陣営の対立は、1950年代の半ばから変化を見せ始め、外交面でも共存を図る平和共存外交が展開され、ソ連の**⑫**フルシチョフ首相がアメリカを訪問$_{1959}$するまでになった。しかし、このような変化を伴いながらも冷戦は続き、**⑬**キューバ危機$_{1962}$では、核戦争が始まる危険さえ生じた。しかし、キューバ危機の回避後に米・ソは「ホットライン」を設置し、米・ソ両国首脳間に緊急事態の発生時に素早く協議が行えるようにした。

---

⑪ アジア・アフリカ会議(A・A会議)　역사상 최초의 아시아・아프리카 국가들에 의한 국제회의이며, '평화10원칙'을 선언했다.

⑫ フルシチョフ　소련 공산당 제1서기장으로서 스탈린을 비판하며, 농업생산의 개선, 평화공존 외교를 추진했다.

⑬ キューバ危機　카스트로에 의한 혁명 후, 쿠바에 소련의 미사일기지가 설치된 것이 발단이 된 미・소간의 냉전 대립을 말한다.

パレスチナ紛争

　パレスチナでは、大戦中からナチスの迫害をさけて移住して来たユダヤ人と、先住のアラブ人の対立が深刻化した。国連がパレスチナの分割を決議することによって、ユダヤ人国家のイスラエルが成立$_{1947}$した。これに不満を抱いた、周辺のアラブ諸国がイスラエルを攻撃したが、敗北した(第一次中東戦争$_{1947}$)。

　エジプトでは革命$_{1952}$が起き、ナセルが政権をにぎり、スエズ運河国有化$_{1956}$を宣言した。イギリス・フランス・イスラエルはエジプトに侵攻した(第二次中東戦争$_{1956}$)が、国際世論の反対と国連の勧告に従って撤退した。

　イスラエルは、エジプトとアラブ諸国のイスラエルへの封鎖に対抗し、奇襲攻撃をかけ圧倒的勝利を収めた(第三次中東戦争$_{1967}$)。

IMF体制の崩壊と石油危機

　ベトナム戦争で金保有量が激減したアメリカは、金兌換停止等を宣言、世界経済に衝撃を与えた(**⑭**ニクソン・ショック)$_{1971}$。これはブレトンウッズ体制、即ちIMF体制の崩壊を意味した。

　さらに、エジプトとシリアがイスラエルへの攻撃を開始し、第四次中東戦争$_{1973}$が起こった。この戦争に際して、アラブの石油産出国は原油の生産量を減らして輸出を制限する「石油戦略」をとった。暴騰した石油の価格は、**⑮**スタグフレーション

を生じさせ、世界の経済に大きな打撃を与えた(一次石油危機)₁₉₇₃。

　これを受け先進7ヵ国は経済協調をとるために、初めて❶サミットを開催した。以降、サミットは毎年行われている。その後❶イランの革命₁₉₇₉により、イランでの石油生産が中断したため、原油価格が再度高騰した(二次石油危機)₁₉₇₉。

---

❶ ニクソン・ショック　미국은 베트남 전쟁과 경제력 악화에 따라, 금 보유고가 턱없이 부족하게 되자, 닉슨 대통령은 금과 달러의 교환 정지를 선언하였다. 이 발표로 인해 수출 의존도가 높은 동아시아와 남미 등은 큰 타격을 받았으며, 이 사건 이후 대부분의 국가에서는 변동환율제를 도입하게 되었다.

❶ スタグフレーション　경제활동이 침체되고 있음에도 불구하고 지속적으로 물가가 상승되는 상태가 유지되는 저성장·고물가 상태를 의미한다.

❶ サミット　주요국의 수뇌회의로, 석유위기 이후의 경제위기에 대처하기 위해 프랑스의 제창으로 시작되었다.

❶ イランの革命　풍부한 원유수입을 토대로 서구화를 강제로 추진했던 팔레비왕조를 붕괴시킨 혁명.

問1 第二次世界大戦後、アジアとアフリカで独立を達成した国々の動きについて述べた文として正しいものを、次の①〜④のうちから一つ選べ。

① これらの国々は、バンドンで非同盟諸国首脳会議を開催した。

② これらの国々は、米・ソ両陣営のいずれにも属さない第三勢力を目指した。

③ これらの国々は、ユーゴスラヴィアでアジア・アフリカ会議を開いた。

④ アフリカでは「アフリカの年」に全ての植民地が欠けなく独立された。

問2 1970年代に起った出来事について述べた文として誤っているものを、次の①〜④のうちから一つ選べ。

① OPEC(石油輸出国機構)が結成された。

② 第4次中東戦争が起った。

③ 第一回先進国首脳会議(サミット)が開催された。

④ オイル＝ショック(石油危機)が起った。

核兵器と軍縮の動き

❶ビキニ環礁水爆実験[1954]をきっかけに世界の多くの国で核実験の停止・禁止を求める原水爆禁止運動が広がっていった。特に、日本では❷第五福竜丸事件[1954]で放射性降下物に対する恐れが募った。これを受けて米英ソの3ヵ国で締結された❸部分的核実験禁止条約(PTBT)[1963]、原子力の平和利用は認めるが軍事転用は禁止する❹核拡散防止条約(NPT)[1968]、原子力施設の査察を行う国際原子力機関(IAEA)[1957]等がつくられている。しかし、米・ソは核抑止論を掲げて核兵器開発を積極的に進めた。

---

❶ ビキニ環礁水爆実験 미국이 비키니환초에서 했던 사상최초의 수소폭탄실험.

❷ 第五福竜丸事件 미군에 의한 비키니환초에서의 수소폭탄실험으로 인해 시즈오카현의 참치어선 제5복룡환호 선원이 피폭된 사건.

❸ 部分的核実験禁止条約(PTBT) 미·영·소 3국간에 체결된 조약으로, 대기권 내, 우주공간 및 수중에서의 핵실험은 금지하고, 지하실험만 허용하기로 정했다.

❹ 核拡散防止条約(NPT) 국제연합총회에서 채택된 핵병기의 보유국을 늘리지 않으려는 목적의 조약.

冷戦終結

1970年代まで、平和共存や緊張緩和に向けたさまざまな試みにもかかわらず、世界の冷戦構造はなかなか解消しなかった。ソ連が❺アフガニスタンに侵攻[1979]したことは、世界の緊張を新たに高めた。

1980年代には米・ソ両国の軍備拡張競争による軍事費の増大は、両国の経済を圧迫した。経済の低迷で苦しんでいたアメリカは、債権国から債務国に転落し、この経済困難を解消するために、ソ連との関係改善の道を選んだ。

ソ連でも経済・社会の活性化を目指して、ゴルバチョフがペレストロイカと呼ばれる改革政策を行うとともに、アメリカとの対話を進めた。このような変化の中で、ブッシュ(父)とゴルバチョフが、冷戦の終結をうたうマルタ宣言[1989]に調印した。

これによって、共産党の支配体制が次々に消滅し、東西ドイツが統一[1990]された。以後の東欧諸国の社会主義からの離脱の動きは、ソ連国内にも波及し、ソ連が崩壊[1991]するに至った。ソ連の崩壊後、ロシアを中心に❻独立国家共同体(CIS)が形成されたが、緩やかな組織である。

❺ **アフガニスタンに侵攻** 소련이 아프가니스탄에 군을 파견해서 전 국토를 제압했던 사건.

❻ **独立国家共同体(CIS)** 1991년 소련이 소멸되면서 구성공화국 중 11개국이 결성한 정치공동체를 가리킨다. 2008년 그루지아, 2014년 우크라이나가 탈퇴하여 2015년 현재 9개 회원국으로 구성되어 있다.

国際紛争・地域紛争

　冷戦終結後の世界では、民族や宗教・宗派等に基づく集団の間で紛争が頻発した。例えば多民族国家であるユーゴスラビア連邦では、冷戦が終りに向かう頃に分裂し、それぞれの民族集団の間で武力衝突が繰り広げられ、特定の集団を殺戮する集団的殺害(ジェノサイド)も起った。これは、第二次世界大戦の経験から国連総会で集団を迫害し殺害する行為を国際犯罪とする❼ジェノサイド条約$_{1948}$に反することである。

　ロシア連邦からの独立を求めているチェチェン共和国紛争やアフリカのソマリア内戦、スーダン内戦、ルワンダ内戦等、国際紛争は相次いでいる。ポルトガルの植民地だった東ティモールはインドネシアから独立$_{2002}$し、長い紛争に決着がついた。

　石油権利の確保をねらったイラクのクウェート侵攻に対して、翌年、国連決議を背景に結成されたアメリカ軍主体の多国籍軍がイラクを攻撃し、クウェートを解放した(湾岸戦争)$_{1990}$。

❼ **ジェノサイド条約** 제2차 세계대전에서의 나치스 독일과 일본에 의한 전쟁범죄인 '인도에 관한 죄'에 대한 비판으로서 국제연합이 1948년 총회에서 채택한 조약이다.

新しい戦争

　ソ連の崩壊と社会主義諸国における民主化の動きは、冷戦の対立構造を取り去ったが、同時に地域紛争・南北問題、そしてテロリズムなどの諸問題を表面化させることになった。冷戦終結後、国境を越えて広がるグローバル化の動きはアメリカに有利に働いたが、このような動きは様々な反発をよぶことになった。

　アメリカ主導のグローバル化に反対するイスラム勢力が起した❽同時多発テロ事件$_{2001}$が代表的である。アメリカは、同テロ事件の実行犯をイスラム原理主義組織アル・カーイダであると判定し、同組織を匿っているとしてアフガニスタンのターリバン政権を攻撃$_{2001}$し、次いでイラクのフセイン政権への攻撃(イラク戦争)$_{2003}$を行い、「テロとの戦争」を開始する。

　その他に、イギリスの❾北アイルランド問題、カナダの❿ケベック州独立運動、スペインからの独立を求めている⓫バスク民族運動と⓬カタルニアの分離独立運動等がある。

❽ 同時多発テロ事件　미국 뉴욕의 쌍둥이 빌딩과 워싱턴의 국방부 건물에 대한 항공기 동시 다발 자살테러 사건.

❾ 北アイルランド問題　북아일랜드의 카톨릭계 주민이 영국으로부터의 분리, 독립을 요구하여 개신교 주민과 대립한 문제.

❿ ケベック州独立運動　퀘벡주는 주민의 다수가 프랑스계이며 카톨릭교도가 많고, 주의 공용어도 프랑스어이다. 이에 따라 주권의 확대, 캐나다로부터의 분리·독립을 요구하는 움직임이 강하다.

⓫ バスク民族運動　스페인과 프랑스의 국경지대에 거주하는 민족으로, 통일을 목표로 바스크독립운동을 전개하고 있다.

⓬ カタルニアの分離独立運動　스페인 피레네산맥 남쪽에 위치한 자치주로, 스페인으로부터의 자치를 요구하고 있다.

アクターの多様化

　現代の国際政治において、様々なアクター(主体)が重要な役割を果たすようになってきたことは大きな特徴である。ヨーロッパでは、⓭マーストリヒト条約₁₉₉₂により、欧州連合(EU)が成立し、EUで決定された法律・政策は加盟国に大きな影響をおよぼし、加盟国の国家主権は様々な制約を受けている。EUの加盟国数は、2017年現在、27ヵ国である。

　また、アフリカの地域的な組織であったアフリカ統一機構(OAU)は、アフリカ連合(AU)₂₀₀₂に改組され、強い役割を果たすことが期待されている。南米には、生産要素の自由な流通を目指す⓮南米南部共同市場(MERCOSUR)がある。

⓭ マーストリヒト条約　EC가맹국이 로마조약을 개정해서 채택한 EU의 건설과 발전을 목표로 한 조약.

⓮ 南米南部共同市場(MERCOSUR)　대외 공통관세, 역내에서 재화와 서비스·노동력의 자유시장을 지향하는 지역경제 통합체이다.

冷戦の終結後の情勢

　ソ連が消滅すると、アメリカによる一極体制・⓯新自由主義的なグローバリズムの時代が始まり、中国やベトナム等の共産党国家も国家資本主義による経済成長を達成した。しかし、アメリカ発の⓰世界金融危機₂₀₀₇₋₀₈と、同年開かれた第1回G20首脳会談により、アメリカによる一極体制は終わり、アメリカの覇権が弱まっている多極体制へと変わった。そして、イギリスが欧州連合から離脱₂₀₁₆し、世界は保護主義に変わりつつある。

⓯ 新自由主義　시장원리주의와 개인의 자유나 자기책임을 기본으로 하는 "작은 정부론"을 말한다. 이 생각은 구조적으로 빈곤과 격차를 만들어 낸다는 지적도 있다.

⓰ 世界金融危機　2000년대 말, 미국의 금융 시장에서 시작되어 전 세계로 파급된 대규모 금융 위기 사태를 통틀어 이르는 말이다. 1929년의 경제 대공황에 버금가는 세계적 수준의 경제적 혼란을 초래했다. 서브프라임 사태와 리먼브라더스의 파산을 가리킨다.

アラブの春

　北アフリカのチュニジアから始まった革命(❼ジャスミン革命)₂₀₁₀が、アラブ世界に波及された大規模反政府デモを「❽アラブの春」と呼ぶ。チュニジアやエジプトなどの30年以上の長期独裁政治が、相次ぐ民衆のデモで揺らぐことになった。

　この地域は、世界の原油・天然ガスの産出・埋蔵量の多くを持ち、世界の大動脈のスエズ運河、反米のイランとリビア、多数派スンナ派が少数派シーア派を支配し、石油の富が公平に分配されていない湾岸諸国がある。数度の戦争が起きた地域であり、政情が不安定である。

---

❼ ジャスミン革命　북아프리카 튀니지에서 발생한 민주화 혁명. 아랍 및 아프리카 지역에서 민중봉기로 독재정권을 무너뜨린 첫 사례로서 이집트·시리아를 비롯한 주변 국가로 민주화운동이 확산되는 계기를 마련하였다.

❽ アラブの春　북아프리카 튀니지에서 촉발되어 아랍·중동 국가 및 북아프리카 일대로 확산된 반정부 시위운동이다.

問 1 　20世紀後半に起った出来事について次の文a~dが、年代順に正しく配列されているものを、次の①～④のうちから一つ選べ。

a　マルタ宣言

b　ソ連解体

c　東西ドイツの統一

d　ソ連のアフガニスタン侵攻

① a → b → c → d

② b → a → d → c

③ c → d → a → b

④ d → a → c → b

問 2 　冷戦終結後の世界では、民族や宗教などに基づく集団間の紛争が頻発している。紛争について述べた文として誤っているものを、次の①～④のうちから一つ選べ。

① イギリスの北アイルランドの住民は、イギリスからの分離、独立を求めている。

② カナダのケベック州は、住民の多数がスペイン語を使っているスペイン系で、カナダから分離・独立を求めている。

③ チェチェン共和国は、ソ連崩壊後、ロシア連邦からの独立を求めているが、認められず紛争が激しくなっている。

④ スペインのピレネー山脈の南側に住んでいるカタルニアは、スペインからの自治を求めている。

政治

종합과목에서 출제되는 정치 문제는 민주주의의 원리, 일본국 헌법, 기본적 인권과 법의 지배, 국회, 내각, 재판소, 의회제 민주주의, 지방 자치, 선거와 정치참여, 새로운 인권 등이다.

民主政治の原形と発展

　民主政治の原形は、紀元前5世紀ごろの古代ギリシャ(都市国家)にある。アテネなどのポリスで行われていた政治形態で、市民(女性と奴隷は除く)が政治的意思を話し合いながら直接政策を議論・決定する直接民主制だった。

　近代・現代では、産業の発展に伴い富裕な商工業者である市民階級(ブルジョアジー)が台頭し、国王との間で次第に対立を深めた。彼らは自由・平等・政治への参加の要求を掲げて市民革命を起こし、ついに絶対主義を打倒し民主政治を実現した。

　市民革命を正当化し、民主政治の基礎と原理となる思想には、自然権思想に基づく社会契約説があった。自然権思想とは、全ての人は生れながらにして自由で平等なものである。従って、諸個人は国家と契約を結び国家を通じて、自然権を実現するという社会契約説の根拠になった。

自然権思想と社会契約説

　社会契約の考え方を最初に主張したのはイギリスの思想家ホッブズであった。彼は、『リバイアサン』$_{1651}$の中で、人間は自然状態では「万人の万人に対する戦闘」となるので、契約により国家に全権を譲渡して、秩序を維持する必要があるとし、結果的には国王の絶対主義を擁護した。

　これに対してイギリスの思想家ロックは、『市民政府二論』$_{1690}$(『統治二論』)の中で、人間として持っている当然の権利である自然権を確実なものにするため、人々は契約によって国家をつくると主張した。従って、政府が人民の自由権を侵害した場合、人民には抵抗権(革命権)があると主張し、名誉革命を擁護した。また、人民の代表者からなる議会が最高権限をもつことを理論づけ、間接民主制を支持した。

　また、フランスの思想家ルソーは、ロックの思想の影響を受け、『社会契約説』$_{1762}$で、「個人の自由な契約によって成立する社会は、政治に参加する自由が保障され、人民に主権があり、この主権は分割も譲渡もできない。」と説いた。また主権は全人民の参加によって行使されるべきだとして直接民主制を理想の政治体制とし、この考えは人民主権の理論としてフランス革命に大きな影響を与えた。

基本的人権の確立

　自然権思想は、基本的人権の考えを生みだし、各種の宣言や法規をつくるようになった。この考えが具体化されたのが、イギリスのマグナ・カルタ(大憲章)$_{1215}$と権利請願$_{1628}$、そして権利章典$_{1689}$である。アメリカでは、独立戦争の最中、ジョン・ロックやトマス・ペイン等の影響をうけて、バージニア権利章典$_{1776}$が制定された。また、フランスではフランス革命で人権宣言$_{1789}$が出された。

人権保障の広がり

　19世紀までの人権規定は、主として、個人の自由・平等・財産権の保障等の自由権であった。自由権は、国家による不当な干渉や侵害を受けないこと(消極的な自由)を基本理念とするものであり、主にブルジョアのための権利保障であった。

　国家は、国民が自由に活動するための条件だけ整備すればよいとされ、貧困などの社会問題は放置されていた。❶ラッサール$_{1825-64}$はこのような自由放任主義の国家を「夜警国家」と呼んで批判した。ブルジョアのための資本主義経済が発達するにつれて、労働者が権利の保障や失業・貧困等の救済を国家に求めるようになった。

　これらの主張は20世紀に入ると、社会権(積極的な自由)あるいは生存権として、憲法に盛り込まれるようになった。社会権を世界で初めて広範に規定した憲法は、ドイツの❷ワイマール共和国$_{1919-33}$の憲法であった。

❶ ラッサール　독일의 사회주의자. 노동자 계급의 국가이념의 실현을 주장했다.

❷ ワイマール共和国　제1차 세계대전 후인 1918년에 일어난 독일혁명으로 성립하여 히틀러의 나치스 정권 수립으로 소멸된 독일 공화국의 통칭.

人権の国際的保障

　第二次世界大戦への反省から、人権を国際的にも保障しようとする取り組みが始められた。そのきっかけとなったのが、アメリカの❸フランクリン・ローズベルト大統領が提唱した４つの自由(言論と表現の自由、信仰の自由、欠乏からの自由、恐怖からの自由)であった。

　その後、国連総会において世界人権宣言$_{1948}$が採択され、これに法的拘束力を持たせた国際人権規約$_{1966}$が採択され、その実施が各国に義務づけられた。他に、人種差別撤廃条約$_{1969}$、女子差別撤廃条約$_{1981}$、子供の権利条約$_{1990}$、障害者権利条約$_{2008}$などが締結されている。

❸ フランクリン・ローズベルト　미국의 제32대 대통령(재임 1933~1945). 민주당 출신으로 미국 역사상 유일무이한 4선 대통령이다. 대공황을 극복하기 위하여 '뉴딜(New Deal)정책'을 강력하게 추진하였다.

国民主権

　ロックやルソーの社会契約説は、種々の自然権を守るために、社会の構成員である国民が契約を結んで国家をつくったため、国家権力の源泉は国民になければならない、と考える。これが、国民主権の考え方である。

　フランス人権宣言の「あらゆる主権の原理は、本質的に国民に存する」や、リンカーンがゲティスバーグ[1863]で演説した「人民の、人民による、人民のための政治」は、国民主権の精神を端的に表現したものである。国民主権の原理は、市民革命後の諸国の憲法で規定され、その具体化のために議会制民主主義や参政権が整えられた。

問1 近代民主政治の理論的な基礎に関連する記述として最も適当なものを、次の①〜④のうちから一つ選べ。

① ホッブズは、主権は全人民の参加によって行使されるべきだとして直接民主制を主張した。

② ロックは、政府が人民の自由権を侵害した場合、人民には抵抗権(革命権)があると主張した。

③ モンテスキューは、一般人民を主権者とする社会契約論を唱えて、フランス革命に影響を与えた。

④ ルソーは、契約により国家に全権を譲渡して、秩序を維持する必要があるとし、国王の絶対主義を養護した。

問2 マグナ・カルタについての記述として最も適当なものを、次の①〜④のうちから一つ選べ。

① 13世紀イギリスにおける、国王と諸侯らとの封建的契約である。

② 16世紀オランダにおける、国王が信仰の自由を保障した勅令である。

③ 17世紀ドイツで、三十年戦争直後に結ばれた条約である。

④ 19世紀フランスで、市民大革命中に出された宣言である。

정답 1. ② 2. ①

権力分立と法の支配

　フランスの思想家❶モンテスキュー₁₆₈₉₋₁₇₅₅は、著書『法の精神』₁₇₄₈において、国家権力を立法権・行政権・司法権に分離し、三権をそれぞれ異る機関で運用させ、権力の抑制と均衡を図るべきだとする三権分立を唱え、国王の絶対主義を批判した。

　絶対王政の時代には、国王が国民を支配する「人の支配」が多い国で行われていた。それに対して「法の支配」とは、国王といえども神と法の下にあるというもので、イギリスで確立・発展し、近代法の重要な原則となった。

　「法の支配」と似た原理として、19世紀のドイツで発達した「法治主義」がある。これは、法の内容よりも議会が制定した法律による行政という形式面を重視するものである。

---

❶ モンテスキュー　プランス의 정치사상가. 당시의 정치사회를 비판하고, 입헌정치의 필요성을 주장했다. 삼권분립을 주장, 미국과 프랑스혁명에 영향을 주었다.

議会制民主主義

　民主主義に基づく政治は、国民の意思に従うもので、これを実現する方法は複数ある。

　国民が直接参加する直接民主制は、ルソーが主張したもので、民主主義の原則からは望ましいが、大規模な国家の実態から見れば不可能である。

　そこで、国民が選んだ代表によって政治を行う間接民主制が、一般に採用されるようになった。間接民主制は、ロックが主張したもので、議会が中心であるため、議会制民主主義(代議制、代表民主主義)ともいわれる。

　議会制民主主義には三つの原理がある。

　第一は、国民代表の原理である。議会を構成する議員は一選挙区の代表でなく、国民全体の代表であるという考え方である。

　第二は、審議の原理である。少数意見の尊重を図りながら、公開討論を経た後、最終的に多数決で議決するという考え方である。

　第三は、監督の原理である。議会での決定は、行政を通じて公正に行われているかどうかを、議会が厳重に監督する必要があるという考え方である。

だが、間接民主制にも問題点はあり、それを補完するものとして、レファレンダム(国民投票)、イニシアティブ(国民発案・住民発案)、リコール(国民解職・住民解職)などの、直接民主制的な諸制度が取り入れられている。

議院内閣制

　イギリスで発達した議院内閣制は、議会で選出された首相によって内閣が組織され、内閣は議会の信託に基づいて存立する制度である。

　議会は上院(貴族院)と下院(庶民院)からなっているが、国民が直接選んだ議員からなる下院が優越している。行政府である内閣は、下院における多数党の党首が首相となって組織される。内閣は議会の信任がある限り続くが、その信任がなくなれば内閣は総辞職するか、下院を解散して国民に信任を問うことになる。政権を担当できない野党は、「影の内閣」(シャドー・キャビネット)を組織して、次期政権を担う準備をする。

　イギリスは小選挙区制が採用されており、保守党と労働党による二大政党制になっている。

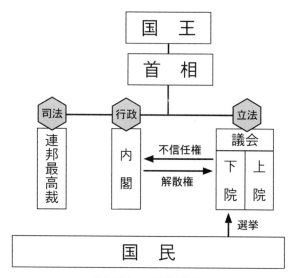

〈イギリスの政治機構〉

大統領制

　アメリカで発達した大統領制は、強い独立性を有する。大統領は、国民から選出された国家元首であると共に、実権を持つ行政首長となって政治を行う。権力分立の原則が貫かれ、任期４年で３選は認められない。

　大統領には、法案提出権や議会解散権はない。議会が可決した法案への拒否権や、政治上の意見書である教書の送付のみできる。大統領は、議会から不信任を受けることがなく議院内閣制の首相より安定した地位にある。しかし、与党が議会の多数党になるとは限らず、そのため大統領が議会と対立することもある。

　連邦議会は各州２名の代表からなる上院と、各州から人口比例で選出された下院で構成される。議会は立法権・予算議決権と共に大統領が拒否した法案の再可決権を持つ。

　司法権を行使する裁判所は、議会や大統領に対して強い独立性を持ち、違憲立法審査権など、強い権限を持っている。

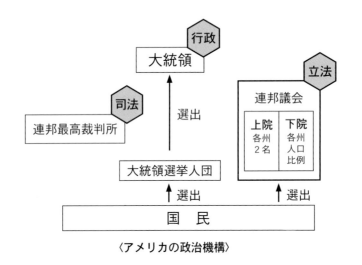

〈アメリカの政治機構〉

折衷型

　大統領と首相両方のある混合型・折衷型の国もある。このように大統領が存在しても、実質的な政治権力を内閣が握っている場合は、議院内閣制と見なす。議院内閣制か大統領制かの区別は、政治の実権がどこにあるかによる。

　ドイツ・イタリア・フランスが代表的であり、ドイツとイタリアは大統領より首相の権限が強く、フランスは首相より大統領の権限が強い。

権力集中制

　社会主義国家においては、社会主義政党に国家権力を集中する仕組みを採用するのが一般的である。これを一党独裁、あるいは権力集中制という。中国では事実上、共産党の一党支配が続いており、それぞれの機関を共産党が強力に指導している。中国は1980年代から経済中心の改革・開放政策を推進している。

　第二次世界大戦後に独立したフィリピンやインドネシア等の発展途上国では、経済開発を最優先とする開発独裁がとられている。開発独裁であるミャンマーでは、軍人や官僚中心の政権が支配し民主勢力への弾圧が行われていた。

　しかし、経済成長がある程度進むと、国民は独裁政権を嫌い民主化運動を展開する。最近、「❷アラブの春」と呼ばれる北アフリカのチュニジア・エジプト・リビア等での民衆の蜂起がその例である。これによって長期政権が倒され、民主的な政権を樹立する動きが続いている。

---

❷ アラブの春　2010년 12월 북아프리카 튀니지에서 촉발되어 아랍·중동 국가 및 북아프리카 일대로 확산된 반정부 시위운동이다.

問1　各国の立法府と行政府との関係についての記述として誤っているもの
を、次の①〜④のうちから一つ選べ。

① イギリスは、原則として下院の多数党の党首が首相となる。

② ドイツは、大統領より首相の権限が強い。

③ アメリカは、大統領は下院の解散権を有する。

④ フランスは、首相より大統領の権限が強い。

問2　イギリスとアメリカにおける現在の政治制度についての記述として正し
いものを、次の①〜④のうちから一つ選べ。

① イギリスは、上院と下院からなっているが、国民が直接選んだ議員か
らなる上院が優越している。

② イギリスは、国民が選んだ首相によって内閣が組織され、内閣は議会
の信託に基づいて存立する。

③ アメリカの大統領は、法案提出権をもっていないが、議会を通過した
法案に対して拒否権を行使し、議会に送り返すことができる。

④ アメリカの大統領は、３選が禁止されており、任期６年で在任までは
務めることができる。

QRコードで解釈 보기

12DAY

大日本帝国憲法(明治憲法)

　日本では明治維新の後、最初の憲法である大日本帝国憲法(明治憲法)₁₈₈₉が制定された。これは、当時のプロイセン(＝プロシア)憲法を参考にして制定した❶欽定憲法である。外観は近代憲法を保っていたが、国会の権限が弱く、国民の権利保障は「臣民の権利」として法律の範囲内でのみ保障されるにすぎなかった。

---

❶ 欽定憲法　군주의 권위에 의해 제정된 군주주권 헌법.

日本国憲法

　ポツダム宣言₁₉₄₅は、日本へ軍国主義をやめ、基本的人権が保障される平和で民主的な国家に生まれ変わることを要求した。これにより、大日本帝国憲法の改正は避けられなくなった。最終的にGHQ(連合国軍総司令部)が作成した憲法草案(マッカーサー草案)が帝国議会に提出・可決され、日本初の❷民定憲法として日本国憲法が成立₁₉₄₆された。

　日本国憲法は、国民主権・基本的人権の尊重・平和主義を基本としている。象徴としての天皇には、実質的な決定権限はない。

---

❷ 民定憲法　국민주권주의로 제정된 헌법.

日本国憲法の平和主義

　憲法の前文で宣言した「恒久平和主義や国際協調主義」と、第9条の「あらゆる戦争の放棄と武力の不行使、戦力の不保持、交戦権の否認」は、平和主義を規定している。さらに「全世界の国民が、等しい恐怖と欠乏から免れ、平和のうちに生存する権利を有する」と平和的生存権をうたっている。

日本国憲法の改正

　日本国憲法は、改正に慎重な手続きが求められる硬性憲法である。改正には「各議員の総議員の3分の2以上の賛成で、国会がこれを発議し、国民に提案してその承認を経なければならない」と規定されている。承認は有効投票総数の過半数の賛

成を必要とする。だが、日本国憲法が制定された後、一度も憲法改正は行われていない。憲法改正の範囲についても、国民主義、基本的人権の尊重、平和主義といった基本原理それ自体は、改正することはできないと考えられている。

国民の基本的義務と公共の福祉

　個人の基本的人権の保障を確実にするため、国民にはいくつかの義務や責任が課せられている。国民の3大義務は、子供に教育を受けさせる義務、勤労の義務、納税の義務である。このうち、勤労の義務は働く能力のある者は自らの勤労によって生活を維持すべきである、ということを宣言したもので、強制労働を認めるものではない。

　憲法上の基本的人権は、永久不可侵で最も基本的な原則として尊重されると定めている。だが、憲法も基本的人権について無制限ではない。自分の人権と他人の人権や重要な公共の利益がぶつかった場合には「公共の福祉」による調整と制限を定めている。

国民の基本的人権

1)自由権

　個人の行為に対する外部権力からの干渉を排除する権利であり、人身(身体)の自由・精神的自由・経済的自由の三つに大別される。

① 人身(身体)の自由

　あらゆる自由権の基礎となる最も基本的な権利である。正当な法の手続きを踏まなければ、刑罰を科せられず(法定手続きの保障)、事前に令状がなければ、現行犯を除き、人を逮捕できず(令状主義)、予め法律に定められていないと刑罰を科せられない(罪刑法定主義)。また、刑罰を定めた法律を、その法律制定前にさかのぼって適用してはならないし(遡及処罰の禁止)、一度審理された事件を同じ罪状で再度審理することも許されない(一事不再理原則)。被疑者・被告人に対しては、拷問・残虐刑が禁止され、弁護人を依頼する権利や黙秘権が保障されている。しかし、冤罪はなくなっておらず、再審制度によって刑を免れ、無罪になった例も珍しくない。また、死刑制度を維持すべきかどうかも、議論されている。

② 精神的自由

　日本国憲法では、具体的に思想及び良心の自由、信教の自由、集会・結社・表現の自由、学問の自由が保障されている。また、検閲は禁じられ、通信の秘密も保障されている。戦前の日本では、治安維持法による弾圧と、信教の自由や政治活動の自由が抑圧された。そこで日本国憲法では、特に国家(政治)と宗教の分離(政教分離)が明記された。精神的自由は、経済的自由より価値が高く、原則として制限することは許されない。

③ 経済的自由

　国民の経済活動の自由を保障する権利であり、居住・移転及び職業選択の自由、財産権の保障を規定している。これらの権利は市民革命当初は不可侵の権利として保護されたが、現代においてはそれにより貧富の格差が拡大し、社会問題に発展した。20世紀に入ると、やむを得ない場合に限り、財産権は一定の制限を受けるべきだとの考えが広まった。このことから、経済活動の自由については、他の人権との調整という観点だけではなく、福祉国家を実現するという社会政策的な観点からの制限も認められるようになった。現実に、独占禁止法・都市計画法などの法律にもとづいて、規制が行われている。

問1 日本憲法についての記述として適当でないものを、次の①～④のうちから一つ選べ。

① 日本憲法は、前文に「あらゆる戦争の放棄と武力の不行使、戦力の不保持、交戦権の否認」と、平和主義を規定している。

② 日本憲法は、「全世界の国民が、等しい恐怖と欠乏から免れ、平和のうちに生存する権利を有する」と生存権をうたっている。

③ 日本国憲法は、国民主権・基本的人権の尊重・平和主義を基本としている。

④ 日本国憲法における天皇は、象徴的な存在として実質的な権限はない。

問2 日本における身体自由の保障についての記述として誤っているものを、次の①～④のうちから一つ選べ。

① 正当な法の手続きを踏まなければ、刑罰を科せられない法定手続きが保障している。

② 事前に令状がなければ、現行犯といっても逮捕また拘禁することができない令状主義が保障している。

③ 一度審理された事件を同じ罪状で再度審理することは許されない一事不再理の原則が保障している。

④ 被疑者・被告人に対しては、拷問・残虐刑が禁止され、弁護人を依頼する権利や黙秘権が保障している。

QR코드로 해석 보기

◉ 国民の基本的人権
2) 平等権　　　　　　　　　　3) 社会権
4) 参政権　　　　　　　　　　5) 請求権
6) 新しい人権

2) 平等権

　日本国憲法は全て国民の法の下に平等を規定し、社会生活上のあらゆる差別を禁止している。男女の本質的平等・選挙権の平等・教育の機会均等についても規定し、平等な社会の実現を目指している。女性の地位については、国連総会で女子差別撤廃条約$_{1979}$が採択され、日本でも男女雇用機会均等法$_{1985}$や男女共同参画社会基本法$_{1999}$を施行したが、現実的に女性に対する差別は根強く残っている。

3) 社会権

　社会権とは、国家が国民に人間に値する生活を保障するものである。市民革命によって獲得された人権は、国家権力からの自由を求める自由権が中心であった。それに対して、社会権は国家に積極的な施策を要求する権利である。

　社会権を初めて定めた憲法は、ドイツのヴァイマル(ワイマル)憲法$_{1919}$である。社会権的基本権は、国家権力に対して社会保障制度などの積極的な措置を求めるもので、日本国憲法でも以下のような権利が保障されている。

① 生存権

　生存権は、憲法で「全ての国民は、健康で文化的な最低限度の生活を営む権利を有する」として規定される、人間が人間らしく生きる権利である。この権利の保障を実現するために、国は、社会福祉、社会保障、公衆衛生の向上および増進を実施する義務を負うことになった。

② 労働基本権

　勤労権と労働三権からなっている労働基本権は、現在、日本の公務員には一部が制限されている。勤労権とは、自己の収入を得て自己実現を図る権利である。労働三権とは、勤労者が労働組合を結成する権利(団結権)、労働条件を交渉する権利(団体交渉権)、ストライキなどの団体行動を行う権利(団体行動権)の三つをいう。

③ 教育を受ける権利

　教育を受けることは、健康で文化的な最低限度の生活を営むための不可欠な条件であり、これを充実させることは国家の責務となっている。日本は、小・中学校の９年間の義務教育に要する費用については無償としている。

4) 参政権

国民が政治に参加する権利が参政権である。日本では、男女の普通選挙の導入$_{1945}$によって、政治的な平等を確保できたといえる。日本国憲法は代表民主制をとっているが、補完制度として、憲法改正時の国民投票、最高裁判所の裁判官の国民審査、特定の地方公共団体にのみ適用される特別法の住民投票が採用されている。

5) 請求権

国家による人権侵害について、その救済を求める権利が請求権である。請求権には、誰でも必要に応じて裁判による救済を求める権利(裁判を受ける権利)、公務員の不法行為によって損害を受けた時に、損害賠償を請求できる権利(国家賠償請求権)、犯罪などで無実の人が、誤って不利益を被った時に、その賠償を求める権利(刑事報償請求権)が認められている。さらに、国会や地方議会、行政機関などに対して、人権侵害に対する苦情やその是正などを表明する権利(請願権)も認められている。

6) 新しい人権

社会の変化によって、人権も社会のあり方と共に多様化し、人権保障の内容も変化する。これらの問題に対応するために、憲法上に明文規定のない新しい人権確立の必要性が主張されていて、次のようなものがある。

① 環境権

日本では、高度経済成長期$_{1955～75}$に、公害が発生し生活環境が悪化されると、公害対策基本法$_{1967}$を制定した。1960年代後半の❶四大公害裁判では、いずれも原告である住民側が勝訴し、損害賠償請求が認められた。こうしたことから、よい環境を享受するための環境権が主張され、環境庁$_{1971}$が発足し、環境基本法$_{1993}$を成立させた。また環境問題に対する住民参加の拡大や生態系への事前の評価を盛り込んだ環境アセスメント(環境影響平価)法$_{1997}$を制定した。

② プライバシーの権利

私的情報が個人の意思に反した目的などに勝手に利用されない権利として、プライバシーの権利があり、この権利は幸福追求権を根拠として主張されている。現代では、個人情報が流出したり、様々な形で悪用されたりする危険性が高まっているため、歯止めをかける対策が必要になり、個人情報保護法$_{2003}$が成立した。

③ 知る権利

　国民が必要な情報を受け取ることは国民の権利である。この権利を妨げられない権利として主張されたのが知る権利である。この権利に関連して、国に対して情報の公開を求める情報公開法$_{1999}$が制定されたが、公開請求者のプライバシーの保護、公開請求権行使の濫用への対処などの課題もある。

　特定秘密保護法$_{2013}$によって「特定秘密」と指定された情報は公開されないことになったが、これに対しては知る権利が脅かされるのではないかという批判もある。また、国民の言論の自由を実現するための権利としてアクセス権があるが、広い意味での知る権利といえる。

④ 自己決定権

　「個人の尊重」という考え方から導かれる権利として、自己決定権がある。これは成熟した判断能力をもつ自立的個人が、自分の生き方や生活について自分で決める権利のことである。幸福追求権に根拠づけられ、公共の福祉に反しない限り、他者の権力的な干渉や介入を受けずに自ら決定できる権利として、医療の分野での尊厳死や臓器移植、❷インフォームド・コンセントなどの権利と密接に関わっている。

---

❶ **四大公害裁判** 新潟の 水俣病、四日市の 喘息、富山の イタイイタイ病、熊本の 水俣病 소송을 말한다. 모두 피해자인 주민 측의 손해배상청구가 인정되었다.

❷ **インフォームド・コンセント** 환자가 자기결정을 하기 위해서는, 의사는 치료법 등에 관해 환자에게 설명할 의무를 가지며 환자나 가족의 동의를 얻어야만 한다는 생각이다.

확인문제

問1　社会権について述べた文として正しいものを、次の①～④のうちから一つ選べ。

① 不当に長く抑留された後の自白は、証拠とすることができない。

② 選挙権が国民固有の権利として保障されている。

③ 国家が国民に人間に値する生活を保障するものである。

④ 思想および良心の自由は、侵害することができない。

問2　日本における個人の国家に対する自己決定権についての記述として最も適当なものを、次の①～④のうちから一つ選べ。

① 成熟した判断能力をもつ自立的個人は、自分の家族のことを自ら決定できる権利である。

② 自己決定権は幸福追求権に根拠づけられるが、公共の福祉に反すると認められない。

③ 他者の権力的な干渉や介入は受けないが、医療の分野に関しては認められない。

④ 医療分野での自己決定権には、尊厳死や臓器移植、インフォームド・コンセンとなどと密接に関連している。

QR코드로 해석 보기

日本の政治機構

1) 国会(立法)

① 国会の構成

　憲法は、議会制民主主義に基づき、国民から選ばれた議員からなる国会を「国権の最高機関」とし、「唯一の立法機関」と規定している。日本は、衆議院と参議院からなる二院制(両院制)を採用している。衆議院の任期は4年であるが、解散すれば任期終了する。

② 国会の権限

　国会の最も重要な権限は立法権である。その他にも、予算の議決権、条約の承認権、弾劾裁判所の設置権、内閣総理大臣の指名権、憲法改正の発議権、国政調査権などがある。

　法案などの実質審議は、両院に設置された委員会での議決を経た上で、本会議で議決される。通常は出席議員の過半数で議決されるが、憲法改正の議決については、各議院の3分の2の賛成が必要とされている。

　国会には毎年1月に召集される常会、衆議院の解散によって内閣総理大臣を指名する特別会、必要に応じて開かれる臨時会がある。議員には、国会会期中は逮捕されない不逮捕特権や、院内で行った発言や表決について、院外ではその責任を問われない免責特権が認められている。

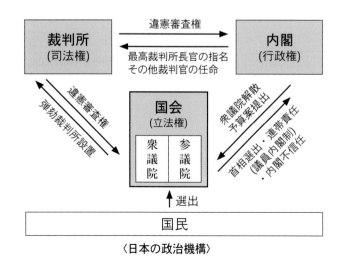

〈日本の政治機構〉

③ 衆議院の優越

　国会の議決は、原則として両議院一致の議決によって成立するが、両院の議決が一致しなかった場合は両院協議会が開かれる。両院協議会でも意見が一致しない時には衆議院の議決を国会の議決とする。これを衆議院の優越と呼び、これには法律案の議決、予算の議決、条約の承認、内閣総理大臣の指名などがある。これは解散がある衆議院が、国民の意思をより反映しているためである。また、内閣不信任決議権と予算先議権は衆議院だけに与えられている。

2)内閣(行政)

① 内閣と国会の関係

　日本は、イギリス型の議院内閣制を採用していて行政権を担う内閣の存立が議会に依存するなど、国会と内閣は密接な関係にある。内閣総理大臣は、国会で指名されると国務大臣を任命して組閣する。

　内閣は、国会の信任を基盤として成立し、存続するのであるから、衆議院において内閣不信任案が可決され、または内閣信任案が否決されたとき、内閣は、10日以内に総辞職か衆議院の解散かのいずれかを選択しなければならない。衆議院が解散されたときは、解散の日から40日以内に衆議院議院総選挙を行い、選挙の日から30日以内に特別国会が召集される。そのときに内閣は総辞職し、改めて内閣総理大臣の指名が行われる。

② 内閣の構成

　行政権を担当する内閣は、内閣総理大臣と国務大臣で組織される合議制の機関である。内閣は、一般行政事務を行うほか、法律の執行、外交関係の処理、予算の作成などを行う。内閣総理大臣は国会議員の中から国会が指名し、天皇が任命する内閣の首長として国務大臣の任免権をもつ。国務大臣の過半数は国会議員でなければならなく、国務会議の議決は全会一致制である。内閣総理大臣とその他の国務大臣は、文民でなければならないと規定されている。

③ 行政の拡大と官僚制

　現代の政府は、広範な国民の福祉を実現するために大きな政府となり、行政の範囲も拡大して権限も強くなっている。政策決定の中心は、議会から行政権に移っており、このことを行政の拡大、あるいは行政権の優越という。行政権が拡大した国家を、行政国家ということもある。行政権の拡大と共に、行政の違法や不当な活動に対して、国民の苦情を中立的な立場で調査し、是正措置を勧告することで、簡易

迅速に問題を処理するオンブズマン(行政監察官)制度を設けている地方公共団体もある。

　行政機関の肥大化につれて、公務員が政治を左右する官僚政治が生まれてきた。それに、高級官僚は退職後に、職務と関連の深い企業の幹部として再就職する「❶天下り」も続出した。これは、官僚の癒着や利権の温床化などの問題として指摘されている。

---

❶ 天下り　공무원이 퇴직 후, 그때까지의 직무와 관계가 있는 기업, 단체에 재취직하는 것.

3) 裁判所(司法)

① 司法権の独立

　日本国憲法では、裁判所だけに司法権を与え、司法権独立の原則を確立している。そして、司法権の行使については、裁判官の職権独立と身分保障の規定を設けている。しかし、このような身分保障について、憲法は、❷弾劾裁判所と❸国民審査の制度を設けて、裁判官の独善を抑制している。

---

❷ 弾劾裁判所　재판관의 헌법 위반이나 그 외 중대한 비행에 대해서 재판관을 파면할 권한을 국회에 부여한 제도.

❸ 国民審査　최고재판소의 재판관을 국민의 직접투표에 의해 심사하는 것.

② 裁判の仕組み

　憲法は、国民に裁判を受ける権利を保障すると共に裁判の❹公開の原則と❺三審制と❻再審制度を定めている。

　裁判には、民事裁判・刑事裁判・行政裁判の三つの種類がある。民事裁判は、個人と個人の間で発生した争いを解決する裁判であり、刑事裁判は、刑法上の犯罪に対し、検察官が訴える形で行われる。行政裁判は民事裁判の一種で、国や地方公共団体の行政行為によって国民の権利が侵害された時、行われる裁判である。

---

❹ 公開の原則　재판에 따라 비공개인 경우도 있다.

❺ 三審制　같은 사건에 대해 3회까지 재판을 받을 수 있다.

❻ 再審制度　판결 확정 후, 사실 인증에 오류가 발견되었을 때는 재판을 다시 받을 수 있다.

③ 国民の司法参加

　国民が裁判に直接参加する制度には二つの形態がある。❼陪審制と、❽参審制である。

　日本では、❾裁判員制度$_{2009}$が実施されている。これは、一定の重大な犯罪にかかわる刑事事件の第一審に限定して、無作為に選ばれた市民(裁判員)と裁判官が一緒に裁判にあたるもので、参審制に近い制度である。

❼ **陪審制** 재판관 이외의 일반인을 재판에 직접 참가시켜 유·무죄만을 결정한다. 미국에서는 형사·민사사건에 관해 행해지고 있다.

❽ **参審制** 재판관과 함께 일반시민이 재판에 임해, 유·무죄와 함께 양형까지 판단하는 제도.

❾ **裁判員裁判制** 참심제의 일종이지만, 배심원이 재판관과는 독립해서 판정을 내린다는 점이 다르다.

④ 違憲立法審査権

　　裁判所は、法律・法令・規則・処分が憲法に違反していないかどうかを判断する違憲立法(法令)審査権を持っている。これは、国会が制定した法律や国家の行為が、基本的人権など憲法に違反することを防ぐための制度であり、違憲判決が確定された法律等は当該事件について無効とされる。違憲審査権は下級裁判所にも認められると解釈されているが、違憲判決権は最高裁判所にだけあるとされている。裁判所が、「憲法の番人」と呼ばれるのは、こうした権限を有するためである。

확인문제

問 1　国会議員に認められている日本国憲法上の地位についての記述として誤っているものを、次の①〜④のうちから一つ選べ。

① 院内で行った発言や表決について、院外ではその責任を問われない。

② 法律の定める場合を除いて、国会の会期中には逮捕されない。

③ 議員を除名するには、弾劾裁判所の裁判が必要となる。

④ 全ての議員には免責特権が認められている。

問 2　日本の裁判所について述べた文として正しいものを、次の①〜④のうちから一つ選べ。

① 弾劾裁判所と国民審査の制度を設けて、裁判官の独善を抑制している。

② 裁判の慎重を期するため、再審制度を定めている。

③ 最高裁判所の裁判官は、国民審査によらない限り罷免されない。

④ 非行のあった裁判官に対しては、内閣が懲戒処分を行う。

15 DAY

地方自治制度

　日本国憲法では、明治憲法にはなかった「地方自治」を規定している。地方公共団体には、議決機関としての議会と、執行機関としての首長が置かれているが、司法機関は設置されていない。地方財政は地方税だけではまかなえないため、国から地方交付税(使途を自主的に決定できる)や国庫支出金(使途が国によって指定される)による財政支援を受けている。

　イギリスのブライス$_{1838~1922}$は、「地方自治は民主主義の学校である」と言った。これは、住民参加を通じて、民主主義に必要な能力や手法を身に付けるからである。地方自治には直接民主制が取り入れられている。特別法の制定のための住民投票(レファレンダム)、住民が直接請求できる直接請求権、条例の制定や改廃を請求できる住民発案(イニシアティブ)、首長・議員等の解職や議会の解散を請求できる住民解職(リコール)である。

日本の政党政治

　日本の政党は、国会の開設や憲法の制定を求める自由民権運動が高まる中、1880年代初めに生まれた。大日本帝国憲法が制定された以降、日本最初の政党内閣として大隈内閣が誕生した。この内閣では、軍部大臣を除く全ての閣僚が政党に属していた。その後、衆議院議員で政党の党首でもある原敬が首相になり、初の本格的政党内閣$_{1918}$を組織したが、世界恐慌以降、軍部が台頭し政党政治は終わった。

55年体制

　第二次世界大戦直後には多数の政党が生まれ、離合集散を繰り返したが、自由民主党(自民党)の結成と日本社会党の統一によって出現した保守革新の二大政党制が行われた。これを55年体制$_{1955~93}$と呼ぶ。この体制は、国民に政治不信を抱かせる一方で、根本的な政治改革を求める動きも加速化した。自民党の分裂と総選挙での敗北により、非自民の細川連立政権$_{1993}$が成立し、55年体制は崩壊した。

選挙制度

選挙制度は、一選挙区で一人を選出する小選挙区制と、一選挙区で複数の議員を選ぶ大選挙区制がある。小選挙区制は獲得議席比率が得票率より大きくなる傾向があり、安定した政権や二大政党制を生み出しやすい。反面、小政党の議席獲得は難しく、死票が多いなどの問題点がある。小選挙区制は、アメリカやイギリスなどで採用されている。

それ以外に、有権者が政党に投票し、政党の得票数に比例して議席を配分する比例代表制制度がある。有権者の意思を公正に議会に反映することができ、死票も減る長所があるが、小党分立になり政治が不安定になりがちである。比例代表制は、ヨーロッパ諸国で多く採用されている。

日本の選挙制度

日本の国会が開設$_{1890}$されたときは、制限選挙であったが、その後の激しい選挙権運動の結果、男子普通選挙権$_{1925}$や女性参政権$_{1945}$が実現し、完全な普通選挙となった。

衆議院の選挙制度は、小選挙区比例代表並立制である。衆議院議員は、小選挙区制と比例代表制の組み合わせであり、小選挙区と比例代表の両方に立候補する重複立候補制が採用されている。参議院の選挙制度は、非拘束名簿式比例代表制と都道府県単位の選挙区制が併用されている。一票の価値は平等であるべきであるが、現実的には選挙区によって有権者数と議員定数の比率に大きな格差がある。これを一票の格差という。

圧力団体

19世紀末の米国で出現した圧力団体は、上・下院と並ぶ「第三院」と呼ばれるほどの力をもっている。圧力団体は、国会の審議や行政機関に直接働きかけることによって、自分たちの個別的利益の実現を図ろうとする政治的集団である。財界団体などの経営者団体、医師会や農民団体などの業界団体、労働組合の全国組織などがその例である。

圧力団体は、利己的な特殊利益の追求のみに走りがちであって、議会政治を歪める傾向を持つことが問題点として指摘されている。また、特定の政党に政治献金や選挙協力をすることで発言権を強めようとするが、このことが政治腐敗の温床になるという指摘もある。

① 特別法の制定のための住民解職(リコール)がある。

② 議会と首長と司法機関が独立的に設置されている。

③ 住民が条例の制定や改廃を請求できる住民発案(イニシアティブ)があ
る。

④ 住民には首長などの解職や議会の解散を請求できるレファレンダムが
ある。

① 小選挙区制は、安定した政権や二大政党制を生みやすく、死票が少な
い。

② 小選挙区制は、得票率が獲得議席比率が大きくなる傾向がある。

③ 比例代表制は、有権者の意思を公正に議会に反映できるが、死票が多
い。

④ 比例代表制は、小党分立になり政治が不安定になりがちである。

PART
3

経済

종합과목에서 출제되는 경제 문제는 경제체제, 시장경제, 가격 매커니즘, 소비자, 경기변동, 정부의 역할과 경제정책, 노동문제, 경제성장, 국민경제, 무역, 환율, 국제수지 등이다.

16 DAY

- ❯ 市場経済の仕組み
- ❯ 資本主義の特質
- ❯ 資本主義経済の弊害
- ❯ 修正資本主義
- ❯ 資本主義経済の形成
- ❯ 資本主義の経済学
- ❯ 資本主義経済の変容

市場経済の仕組み

今日では、経済活動に制約が伴う。すべての資源は希少なものなので、市場経済では、効率的に生産・分配・消費していく必要がある。制限されている資源の分配方式には、国家等によって中央集権的に分配を決定していく計画経済(社会主義経済)と、多数の決定と行動を総合し、資源を分配する市場経済(資本主義経済)がある。ほとんどの国では市場経済が採用されている。

資本主義経済の形成

西欧では17世紀から18世紀に市民革命が起こり、次第に財産権や経済活動の自由が確立していった。その中で、生産設備を所有する資本家が労働者を雇用し、市場で自由に利潤の追求のために競争する資本主義経済が形成されていった。18世紀後半から19世紀前半のイギリスでは大量生産ができる多様な機械の発明と、大量生産された物を遠い所まで大量輸送できる動力の発達等、関連産業にまで技術革命(❶イノベーション)が起きた。こうした一連の革命を産業革命といわれ、資本主義経済は、イギリスの産業革命を通じて確立した。

---

❶ **イノベーション** 혁신 또는 신기술이라고도 한다. 슈페터의 경제발전론의 중심 개념으로, 생산을 확대하기 위하여 노동·토지 등의 생산요소의 편성을 변화시키거나 새로운 생산요소를 도입하는 기업가의 행위를 말한다.

資本主義の特質

資本主義経済体制の第一の特質は、生産手段の私有である。資本主義経済の下では、利潤を得るために企業が設立され、生産活動が営まれる。土地・機械・原材料等の生産手段を私有した資本家は、労働者を雇って、財・サービスの生産を行う。

第二の特質は、市場経済における自由競争である。財・サービスの生産活動は市場経済における自由競争を原則としている。企業はより多くの利潤を求めて自由な経済活動の下で激しい競争を行い、その結果、社会全体の経済発展が促進される。

資本主義の経済学

資本主義経済における自由競争の利点を説いたのは、❷アダム・スミス
1723-90 である。彼は、『諸国民の富(国富論)』1776 において、重商主義政策を
批判し、各人が自由な経済活動を行えば、神の「見えざる手」によって社会の調和
が生まれると説いた。また、国家は国民の経済活動に干渉せず、必要最小限の活動
に限るべきであると主張した。このようなスミスの国家観は「夜警国家観」と呼ば
れ、「安価な政府」(小さな政府)が理想とされた。

---

❷ アダム・スミス 영국의 정치경제학자. 개인과 기업이 각각의 이기심에 근거해서 경제활동을 행해도 시장에서의 자유
경쟁을 통해서 소위 '보이지 않는 손'이 작용하므로 사회 전체의 이익이 초래된다는 이론으로 자유경제를 옹호하는 학설을
전개했다.

資本主義経済の弊害

資本主義の発達につれて、激しい貧富の格差と、周期的に発生する急激な景気変
動など、様々な弊害が現れた。こういう資本主義経済の弊害は、次のようである。

第一に経済を放任すると市場が独占化される傾向があるということである。実
際、19世紀末から20世紀前半には重化学工業が発達し、自由競争が阻害される独占
資本主義の傾向が強まった。このため、価格競争が行われにくくなり、価格機構が
十分に機能しなくなった。

第二に、景気が激しく変動するということである。生産力の拡大につれて、過
剰生産になり、供給超過による不況が発生した。代表的な例として、アメリカの
ニューヨークの株式取引所の株価暴落に端を発した❸世界恐慌1929が挙げられる。す
ると、国家は不況を解決するために、生産物の販路を求めて植民地の獲得に乗り出
した。このような動きは、国際的に資源の確保や市場の拡大のための帝国主義を現
わせた。

第三は、貧富の差の拡大である。現に、成功した資本家と、失業の危機に脅かさ
れる労働者との間に格差は広がりつつ、富は資本家に集中されがちである。

---

❸ 世界恐慌 이 공황으로 인해 미국의 생산성은 반감했으며, 대량의 실업자가 발생했다. 식민지가 있는 국가들은 블록경
제를, 식민지가 없는 나라들은 파시즘 체제를 취해 침략전쟁을 일으켰다.

資本主義経済の変容

世界大恐慌$_{1929}$は、世界的な広がりをみせ、資本主義経済は危機に陥った。この恐慌以後、市場機構への信頼が揺らぎ、政府の市場への介入が求められるようになった。このため、自由放任の資本主義経済の下で発生した貧富の差の拡大、景気変動、大量失業等に対処するためには、政府や中央銀行が積極的に経済活動へ介入すべきだという、いわゆる修正資本主義が現われた。自由競争や市場原理の利点を生かす修正資本主義は、経済学者ケインズの理論に裏付けられている。ケインズは、❹有効需要の大きさが、社会全体の景気を決定するという考え方を提唱した。さらに、消費と投資に加えて、政府財政の支出も有効需要を構成するので、完全雇用の実現のためには、公共事業等によって有効需要を創出することが必要であると主張した。

---

❹ **有効需要** 실제로 화폐의 지출을 동반하는 수요를 말한다. 이 유효수요의 수준에 의해 고용수준과 국민소득 수준이 정해진다.

修正資本主義

国家が市場に介入して景気を調整し、社会保障によって貧富の格差を解消すべきだという修正資本主義は、ケインズの主著『雇用・利子および貨幣の一般理論$_{1936}$』の中で、有効需要説を主張し、理論づけた。

アメリカのフランクリン・ローズベルト大統領は、不況からの脱却を図るため、大規模な公共投資を実施すると共に労働者の権利を保護する❺ニューディール政策$_{1933}$を取った。この政策は、結果として、ケインズ的な介入政策の実験となったといわれ、「❻大きな政府」への先駆けとなった。以後の資本主義経済は、政府が経済活動へ積極的に介入することになった。

---

❺ **ニューディール政策** 루즈벨트 대통령에 의해 실시된 공황대책으로 정부가 적극적으로 경제에 개입했다. 구체적으로는 실업자 구제책, 생산통제에 의한 농산물의 가격유지, 지역통합개발을 지향했던 TVA설립, 전국산업부흥법 제정 등의 조치를 취했다. 노동보호법인 와그너법도 실시했다.

❻ **大きな政府** 행정기능이 증대됨에 따라 국가가 자진해서 재정과 경제의 여러 시책을 시행해 국민복지를 충실하게 하는 기능을 가진 정부.

확인문제

問 1 アダム・スミスの展開した学説に関する記述として正しいものを、次の
①～④のうちから一つ選べ。

① 『経済学および課税の原理』において国際分業に関する比較生産費説
を展開し、自由貿易を行うことが各国の利益になると主張した。

② 新製品の開発や新たな生産方法の導入などのイノベーション（技術革
新）が、経済発展の原動力であるとした。

③ 国家が市場に介入して景気を調整し、社会保障によって貧富の格差を
解消すべきだと説いた。

④ 『諸国民の富（国富論）』を著し、各人が自由な経済活動を行えば、
「見えざる手」によって社会の調和が生まれると説いた。

問 2 ケインズは、ケインズ革命と呼ばれる経済理論上の革新をもたらし、そ
の後の経済政策にも大きな影響を与えた。彼の学説についての記述とし
て最も適当なものを、次の①～④のうちから一つ選べ。

① 『雇用・利子及び貨幣の一般理論』の中で、政府の介入排除と自由市
場経済を説いた。

② 金融政策による貨幣量の操作を通じて、経済の安定を図るべきだと説
いた。

③ ケインズの理論を取り入れたニューディール政策の失敗によって、政
府の経済への介入は消極的になる。

④ 有効需要の大きさが、社会全体の景気を決定するという考え方を提唱
した。

정답 1. ④ 2. ④

17 DAY

❷ 反ケインズ主義   ❷ 社会主義経済
❷ 社会主義経済の変容   ❷ 経済主体
❷ 株式会社   ❷ 価格メカニズム

反ケインズ主義

　石油危機以降、ケインズ政策の弊害(インフレ・財政赤字)が目立つようになると、反ケインズ主義が台頭した。❶フリードマン_{1912~2006}を中心とする❷マネタリストと呼ばれる人々の考え方で、景気変動の要因は、❸マネー・サプライの変動にあるという立場である。国は市場への行き過ぎた介入を止め、市場機構・自由競争を重視し、小さな政府を目指さなければならないというフリードマンの主張は、市場機構における自由競争の利点を強調するアダム・スミスの考え方に近い。

　1980年代になると、アメリカやイギリスを中心に、市場機構を重視して小さな政府を目指す❹新自由主義が台頭した。イギリスのサッチャー政権が❺サッチャーリズムを、アメリカのレーガン政権が❻レーガノミックスを掲げ、反ケインズの経済政策を実施した。

---

❶ フリードマン　미국의 경제학자로, 마네털리즘의 생각을 제창했다. 케인즈주의는 무효로 하고, 금융규제 완화나 공적 기업의 민영화에 의해 시장기능의 회복을 도모해야 한다고 주장했다.

❷ マネタリスト　마네털리즘의 생각을 가진 사람들을 말하며. 대표적으로 프리드먼이 있다.

❸ マネー・サプライ　금융기관과 중앙정부를 제외한 경제주체(일반법인, 개인, 지방공공단체 등)가 보유한 통화의 합계.

❹ 新自由主義　정부의 경제적 역할을 재고해 너무 커진 정부의 역할을 줄이려는 생각으로, 자유경쟁질서를 중요시하는 입장을 말한다.

❺ サッチャーリズム　1980년대 영국의 대처정권에 의해 추진된 정책을 말한다. 국가재정의 재건을 위해 규제완화와 정부계 기업의 민영화를 추진해 작은 정부를 지향한다.

❻ レーガノミックス　미국의 레이건 대통령이 1980년대 전반에 시행했던 경제정책을 말한다. 대폭적 감세, 규제완화, 군사지출 증가 등이 있다.

社会主義経済

　資本主義経済の批判から出発した社会主義経済の特質は、生産手段の社会的所有と、国家により資源と労働力が計画的に分配される計画経済にある。

　資本主義経済の問題に対し、ドイツの経済学者❼マルクス_{1818~83}は、労働が商品化されていることが問題の本質であると指摘し、社会主義経済を実現すべきであると主張した。こうしたマルクスの考え方は、❽レーニンによるロシア革命₁₉₁₇の後のソ連で実施された。

---

❼ マルクス　독일의 공산주의 사상가·운동가로 공황과 실업, 격렬한 노사의 계급대립을 보였던 자본주의 체제를 비판해 새로운 경제학을 창시했다.

❽ レーニン 러시아의 혁명가·정치가, 소련 최초의 국가 원수. 러시아 11월혁명의 중심인물로서 러시아파 마르크스주의를 발전시킨 혁명이론가이자 사상가이다.

社会主義経済の変容

　計画経済では、現実的に生産や消費が計画通りに実行されているかを確認することができず、社会主義経済は、次第に、資本主義経済に遅れをとっていった。

　社会主義体制の国々では、行き詰まった経済を打開するために、政権を維持したまま市場メカニズムを導入している。中国では社会主義市場経済が推進されていて、ベトナムでは❾ドイモイ(刷新)政策$_{1986}$が打ち出され、市場経済が導入されている。

❾ ドイモイ(刷新)政策 1986년 베트남에서 실시된 개혁·개방 정책 슬로건이다. 공산당 일당 지배 체제를 유지하면서 자본주의적 경제발전을 지향해 왔다.

経済主体

　経済には、経済活動に参加する単位として、三つの主体がある。消費活動をする家計、生産活動の中心となる企業、財政活動を行う政府がそれであり、これらの経済主体間の資金の流れを円滑にする金融機関がある。

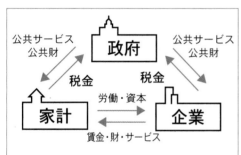

　家計は、企業に労働を提供し、賃金という所得を得て、必要な財・サービスを購入し消費するとともに、貯蓄を行う。日本の家計貯蓄率は、1970年代半ばには20％を越えたが、2000年以後には、３％程度まで下落している。現在、家計消費は国民総支出の60%を占めており、家計の消費動向は経済に大きな影響を与えている。

　企業は、家計から労働力や資本の提供を受けて、財・サービスを生産(供給)して利潤を獲得する。

　政府は家計・企業に租税を徴収し、様々な公共サービスや公共財を提供する。

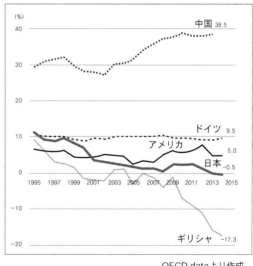

OECD dataより作成

〈 世界の貯蓄率の推移 〉

株式会社

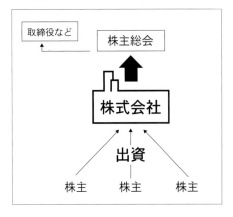

現代の経済では、多くの投資家から資金を集めて、リスクを分散させることができる株式会社が現代企業の主要な形態となっている。株式会社は、株式の発行によって集めた資本で設立される。株式の所有者(株主)は、会社の所有者であるが、会社の債務の返済においては持株数以上の追加責任は負わない(有限責任)。経営は、会社の最高意思決定機関である株主総会において選出される取締役に委される(所有と経営の分離)。また、株式はいつでも市場で売買することができる。

価格メカニズム

財やサービスがいくらの価格でどれだけの量が販売されるかは、原則として、市場の需要と供給との関係で決まる市場価格として取り引きされる。消費者の財に対する好みの変化等は需要曲線を変化させ、企業の技術進歩等は供給曲線を変化させる。市場において供給過剰が生じる場合には価格が下落し、反対に需要超過となって品不足が生じた場合には価格が上昇する。それによって、市場における需要と供給が調整される。このように、価格には経済社会全体の需給関係を自動的に調整する機能(価格の自動調節機能)がある。このような仕組みによって、必要なモノが必要なだけ生産され、経済の秩序が保たれているのが資本主義である。

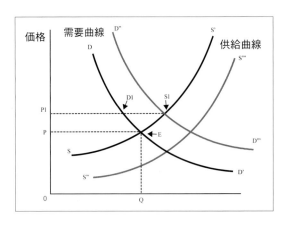

*所得の上昇や何らかの理由により、ある商品の需要が増えたとき、
需要曲線はDD '→ D"D'''へシフトし、
需要が減少したときは、
反対のD"D'''→DD 'へシフトする。
*豊作等で農作物の供給が増えた場合は、
供給曲線はSS'→S"S'''へシフトし、
供給が減少したときは、
S"S'''→ SS'へシフトする。

問 1　経済主体についての記述として誤っているものを、次の①～④のうちから一つ選べ。

① 企業は、家計から労働力や資本の提供を受けて、財・サービスを生産して利子を獲得する。

② 家計は、企業に労働を提供し、賃金という所得を得て、必要な財・サービスを購入し消費するとともに貯蓄を行う。

③ 政府は家計・企業に租税を徴収し、様々な公共サービスや公共財を提供する。

④ 金融機関は、経済主体間の資金の流れを円滑にすることから利潤を得ている。

問 2　株式会社についての記述として最も適当なものを、次の①～④のうちから一つ選べ。

① 株式会社の最高議決機関は、株主総会である。

② 株式会社は、株式の発行によるだけに資本を集められる。

③ 株式会社の最高意思決定機関である取締役では、経営の主な決定を行う。

④ 株式会社の株主は会社の債務の返済において共同責任を負っている。

정답　1. ①　2. ①

市場の失敗

　市場による資源分配が効率的に行われるには、市場で自由な競争が行われ、市場への参入と市場からの退出が自由であること等の完全競争市場でなければならない。しかし、完全競争の条件が満たされなければ、市場を通じた資源分配は効率的とはならない。これを❶市場の失敗といい、これには次のようなものがある。

　第一に、道路・公園・灯台等の公共財や警察・消防等の公共サービスには、市場自体が成立しない。灯台の場合、ある人が使っても他の人の消費が減るわけではなく、料金を支払わない人を排除もできないので、市場にまかせては最適な供給が行われない。

　第二に、ある主体が他の主体に直接影響を及ぼす行動をとっても、それに対して支払いが行われないときに外部性があるという。これには、市場を通すことなく、他の経済主体に利益を与えたり(❷外部経済)、不利益をもたらしたり(❸外部不経済)する場合がある。

　第三に、独・寡占が存在する場合、市場に委せておくと財・サービスの価格が高く設定され消費者に不利な状況が発生することもある。

---

❶ **市場の失敗**　시장이 자원의 최적분배라는 과제를 해결해주지 못함으로써 발생하는 시장의 결함이다.

❷ **外部経済**　예로 어떤 상점 옆에 역이 생기면, 그 상점의 매상이 늘어나는 것 등이 있다.

❸ **外部不経済**　예로 환경오염, 소음, 공해 등이 있다.

独占・寡占

　市場をめぐって、企業は自己の❹市場占有率(マーケット・シェア)を増大させようと激しい競争を展開する。その結果、少数の大企業によって市場が支配されがちである。日本ではこれを防ぐため❺独占禁止法$_{1947}$を制定し、その目的を達成するために公正取引委員会を設けている。

　単一の企業が市場を支配する独占企業は、生産物の価格を決定する力(価格支配力)をもつ。少数の企業が市場を支配する寡占企業は、❻非価格競争によってシェアと利潤を拡大しようとする。このために、❼価格の下方硬直性があらわれる。寡占市場では、大企業がプライス・リーダー(価格先導者)となって価格を設定し、他の企業がこれに追随することがある。これを管理価格という。

❹ **市場占有率**(마-켓・셰어) 특정업종의 제품시장에서 어떤 기업의 상품이 전체 거래량 중에서 차지하는 비율.

❺ **独占禁止法** '경제의 헌법'이라고 말해지며, 전후 경제민주화정책의 일환으로서 제정되었다.1997년에 개정되었다.

❻ **非価格競争** 상품의 디자인이나 품질관리 등, 가격 이외의 면에서의 경쟁을 말한다.

❼ **価格の下方硬直性** 생산비가 저하해도 가격은 내려가지 않는 경향을 말한다.

　企業の独占の形態は次のようである。

①カルテル(企業連合)

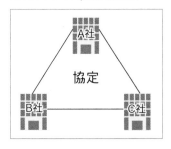

　同じ産業分野の企業が、独立性を保ちながら協定を結び、市場の独占的支配を図ろうとする独占の一形態である。1870年代、大不況下のドイツで発達した。

②トラスト(企業合併)

　いくつかの企業が、独立性を捨てて合併し、巨大企業を形成し、カルテルより効果的・安定的に競争制限をすることができる。アメリカの最も典型的な独占形態として発達している。

③コンツェルン

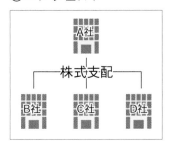

　複数の企業が、株式の持ち合いや役員の派遣等により結合し、多くの産業分野を支配する形態であり、戦前の日本の財閥がこれにあたる。

物価の動き

　一般的に、物価が持続的に上昇することをインフレーション(インフレ)という。逆に、物価が持続的に下落することをデフレーション(デフレ)という。インフレやデフレが起こる原因は、通貨量と有効需要の増減による不均衡にある。

　インフレになると、貨幣の購買力が低下し、貨幣価値が低落する。従って、インフレは、債務の負担を軽くする反面、勤労者の実質賃金の低下や預貯金の目減りをまねき、所得が増えにくい人たちの生活が打撃を受ける。また、土地等の資産価値が上昇する結果、資産を持つ人と持たない人との間の所得格差を拡大する原因ともなる。

　なお、不況下で失業率が高いにもかかわらず物価が上昇するスタグフレーションが、第一次石油危機[1973]以後、日本のみならず欧米諸国でも発生した。

　デフレは、供給に対し需要が不足することから生じるが、また、海外からの安い原材料や商品の輸入も一因となる。デフレは物価を下落させるため、一方では生活が楽になるという見方もあるが、所得の減少により、負債等が生活に重くのしかかる等、生活を苦しくすることが多い。1990年代後半の日本経済には、デフレと景気悪化が悪循環するデフレスパイラルが見られるようになった。

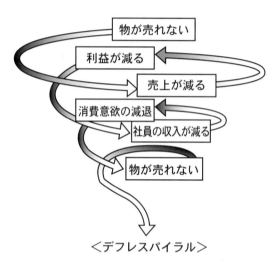

<デフレスパイラル>

物価安定の施策

　物価の変動は国民生活にも影響を及ぼす。従って、物価の安定を図りながら経済成長を維持していくことが大切であり、そのためには次のような施策が必要となる。

　第一は、有効需要の大きさを適正な水準に保つことである。そのためには、財政政策や金融政策が随時行われる必要がある。

　第二は、通貨供給量を適切に保つことである。貨幣数量説に基づくならば、通貨供給量の過剰こそが物価上昇の原因になっているため、中央銀行による的確な通貨管理が重要である。

확인문제

問 1 外部不経済の例として誤っているものを、次の①～④のうちから一つ選べ。

① 近くに空港ができ、旅客機の騒音に悩まされた。

② 近くに鉄道が開通し、観光客が増え地元の店の売上が上がった。

③ 新しく道路が開通し、自動車の煤煙ガスが激しくなった。

④ 家の近くに新しい駅ができ、ゴミが増えた。

問 2 完全競争市場と比較した場合の寡占市場の特徴として適当でないものを、次の①～④のうちから一つ選べ。

① 寡占市場ではプライス・リーダー(価格先導者)が登場しやすい。

② 寡占市場では、資源が効率的に配分されやすくなる。

③ 寡占市場では、管理価格によって市場が支配されやすい。

④ 寡占市場では非価格競争によって価格の下方硬直性が現れる。

19DAY

景気変動

　経済成長の過程には、好況・後退・不況・回復の四つの局面が一つの周期になっている。

　好況期には、生産・消費の拡大と共に投資の増大が行われ、在庫と失業者の減少につながる。経済活動が沈滞する不況期には、生産・消費の減少と共に投資が低下され、在庫と失業者の増加につながる。

　激しい景気変動は、国民生活に好ましくない影響を与える。世界大恐慌[1929]は最も激しく、長く続いた恐慌として有名である。その後、ケインズの有効需要説に基づき、政府や中央銀行の景気変動に応じる適切な景気対策が求められるようになる。不況期には中央銀行が金融を緩和し、政府が財政支出を拡大して、不況が深刻化するのを防止するためにつとめるようになった。

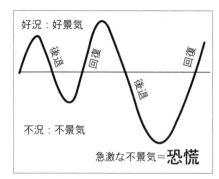

景気波動種類		
区分	周期	変動の要因
キチンの波	2~3年	企業の在庫の増減 (在庫循環)
ジュグラーの波	7~10年	設備更新のための投資 (設備投資循環)
クズネッツの波	20年	住宅等建造物の建て替え (建築循環)
コンドラチェフの波	50~60年	技術革新をはじめとして、 市場開拓、資源開発

　❶サブプライム危機[2007]及び❷リーマン・ブラザーズの破綻[2008](リーマン・ショック)に端を発する景気後退は大規模で、世界的な広がりを見せ、世界大恐慌以来の不況といわれた。各国は財政拡大・金融緩和政策を取ったが、一部の国の国債の信用を低下させ、金融危機をもたらした。景気変動の循環の周期は、要因によってかなり規則的な性質をもっている。

---

❶ **サブプライム危機**　신용도가 낮은 사람들에게 주택을 담보로 해서 대출한 후, 주택가격의 폭락으로 인해 변제가 곤란해짐에 따라 채권이 폭락하게 되어, 세계적인 경제문제를 일으켰다.

❷ **リーマン・ブラザーズの破綻**　미국의 증권회사이며 투자은행이기도 한 리먼 브라더스가 서브프라임 론 위기로 인해 대규모 손실을 입고 파산했다.

経済政策

　今日、資本主義諸国では、経済の安定的成長を図るため、経済政策を積極的に採用して景気変動の幅を小さくし、適正な経済成長率を保っていこうとする努力が払われている。

　このような努力は国や地方公共団体を中心として行われてきている。政府の行う財政政策、中央銀行の行う金融政策や為替政策などが主であったが、今後は環境や福祉なども含めた政策が求められている。

財政の機能

　国や地方公共団体が行う経済活動を財政という。財政の役割には、次のようなものがある。

　第一は、資源配分の機能である。道路や橋のような公共財と国防・警察・教育等の公共サービスは、市場機構に委ねていたのではその供給が行われにくい。そこでこうした公共財・サービスの提供は政府の役割である。

　第二は、所得再分配の機能である。今日、多くの先進資本主義国では所得の不平等を是正するために、所得税に累進課税制度が取り入れられている。これにより徴収した税金を生活保護や雇用保険等の社会保障制度を通じて再分配し、所得格差の縮小を図っている。

　第三は、景気調整の機能である。もともと財政は、累進課税制度や社会保障制度が組み込まれていることによって、景気を安定的な方向に導く機能(❸ビルトイン・スタビライザー)が備わっている。

　しかし、景気安定のためには、それだけでは不十分なため、政府は裁量的な財政政策(❹フィスカル・ポリシー)を行う。これは景気変動に対応して、政府が公共支出や課税の増減を行うことにより、有効需要を適切に保ち、景気の安定化につとめるものである。なお、財政政策と金融政策は一体的に運用されることが多いが、これを❺ポリシー・ミックスという。

---

❸ ビルトイン・スタビライザー　경기변동을 자동적으로 조절하는 기능을 지닌 재정제도 또는 장치. 세입면에서는 세제가, 세출면에서는 사회안전보장제도가 그 역할을 한다.

❹ フィスカル・ポリシー　불경기 때에는 감세나 공공사업을 늘려서 경기회목을 도모하고, 경기가 과열될 때는 증세나 재정지출을 줄이는 정책.

❺ ポリシー・ミックス　경기 부양을 위해 금융정책 뿐만 아니라, 재정정책과 외환정책도 동시에 실시하여 정책 목적을 달성하는 것.

租税と予算

政府の歳入と歳出の計画を予算といい、歳入を支えるのは租税である。財政収入は、国民の負担する租税によってまかなわれる。政府は、毎会計年度の予算を作成して国会に提出し、議決を得たうえでこれを執行する。

❻高度経済成長期には、比較的潤沢な租税収入を確保することができたが、❼第1次石油危機_{1973}以降、経済成長率が低迷するようになると税収が伸び悩んだ。

税収等を基礎とする予算とは別に、政府の経済政策を補うものとして❽財政投融資計画がある。これは、国が財投債(国債の一種)を発行し、特殊法人等の財投機関に融資するものであり、「第二の予算」とも呼ばれる。財政投融資は中小企業への融資、住宅や道路等の社会資本の整備に用いられているが、この計画は予算と同様に国会の承認を受ける必要がある。

---

❻ **高度経済成長期** 1950년대 중반~1970년대 초까지 경제성장이 매우 높았던 기간.

❼ **第1次石油危機** 1973년 4차중동전쟁 발발에 따라서 아랍산유국은 이스라엘측을 지지하는 나라에게는 원유수출을 제한한다는 석유전략에 따라 원유감산, 수출제한, 가격인상을 했다. 이에 따라 발생한 인플레이션의 격화 등 세계적으로 심각한 영향을 미쳤다.

❽ **財政投融資** 국채 발행 등에 의해 조달된 자금을 재원으로 해서 장기 저리의 융자나 투자를 하는 것을 말한다.

直接税と間接税

租税は、納税者と税負担者が同一である直接税と、両者が異なる間接税とに区分される。戦前は間接税の比重が高かったが、戦後は❾シャウプ勧告_{1949}を受けて、直接税中心主義に改められた。

直接税には、所得税・法人税・住民税等がある。所得税は累進課税となっているが、法人税の税率は一律である。間接税には消費税、酒税、関税等がある。消費税は、竹下首相が税率3％_{1989}を導入した後、橋本首相の時には5％_{1997}、安部首相は8％_{2014}、2019年には10％に引き上げた。しかし、所得の格差を考慮せずに一律に課税される消費税には、❿逆進性がある等、問題点も指摘される。

---

❾ **シャウプ勧告** 미국의 경제학자 샤우프를 단장으로 한 세제조사단의 권고.

❿ **逆進性** 소득이 적은 사람일수록 세금의 부담률이 높아지는 것. 생필품 등에 동일하게 부과되는 소비세는 저소득층일수록 세부담액의 비율이 높아져 역진성이 강해진다.

확인문제

問1 次の景気循環の類型についての記述として誤っているものを、次の①～④のうちから一つ選べ。

① キチンの波は、企業の在庫の増減による。

② コンドラーチェフの波は、技術革新や市場開拓などの変動による。

③ ジュグラーの波は、大規模な資源開発などの変動による。

④ クズネッツの波は、住宅など建造物の建て替えの変動による。

問2 日本の租税についての記述として、正しいものを、次の①～④のうちから一つ選べ。

① 安部首相によって消費税が導入された。

② 消費税は、一律に課税されるため逆進性がある。

③ 戦後、シャウプ勧告を受けて、間接税が中心になった。

④ 直接税である消費税は、累進課税となっている。

正答 1. ③ 2. ②

公債発行の原則

税収が不足するとき、国や地方公共団体は、公債(国債・地方債)を発行する。が、❶経常的支出にかかわる財源を確保するための国債(❷赤字国債)の発行は、認められていない。公債発行は、次の二つの原則によって抑制している。

一つは、❸建設国債の原則である。公共事業費に当てる場合に限って国債(建設国債)の発行が認められている。これは、建設的または投資的な経費で、国民の資産として残り、国民経済としてもプラスになるからである。二つは、市中消化の原則である。貨幣の価値が損なわれないように、公債の発行には日本銀行への最初の引き受けは原則として禁止されている。

---

❶ **経常的支出** 인건비와 운영비를 포함한다.

❷ **赤字国債** 정부의 재정적자를 충당하기 위해 발행되는 국채로서 특례국채라고도 말하며, 원칙적으로 금지되어 있다.

❸ **建設国債** 공공사업비, 출자금 및 대출금의 재원에 이용하는 경우에만 발행이 인정되어 있다. 1965년도부터 발행되고 있다.

公債発行の問題点

公債の発行には次のような問題点があるため、財政法$_{1947}$によって、公債の発行は厳しく制限してきた。

第一に、国債費の膨張によって他の予算が圧迫されると、資源分配機能が低下する。

第二に、公債の発行によって金利が上昇すると、民間企業の借り入れが困難となり、その結果、民間投資が抑制されると、景気上昇につながらなくなる。

第三に、公債返済のための負担を次世代に先送りすることになれば、現世代と次世代との間の不公平が拡大される。

財政危機

日本では、建設国債$_{1965}$が発行された以降、第1次石油危機後$_{1973}$から赤字国債$_{1975}$も発行されるようになり、公債依存度は次第に高まった。❹バブル経済によって財政が一時好転し、1990年度は赤字国債をゼロに抑えることができたが、バブル経済

の崩壊後、深刻な不況による税収の不足と、高齢化による社会保障費の増加のため、国債の発行は急激に膨らんだ。

---

❹ バブル経済 토지나 주식 등의 자산가치가 경제의 실체 이상으로 투기적으로 상승하는 것.

通貨

　流通している貨幣のことを通貨といい、その流通量を通貨供給量(マネーサプライ)という。今日では、通貨は広く現金通貨と預金通貨に分けられる。

　日本の現金通貨は、日本銀行が発行する日本銀行券(紙幣)と、政府が発行する硬貨とに分かれる。預金通貨は、随時引き出すことができ、銀行の信用創造によって、現金通貨に近い性質をもつ。

金融

　資金の融通を円滑にするのが金融であり、金融には、企業が株式や社債を発行し、証券会社が間に立って資金を調達する❺直接金融と、銀行等の金融機関を通じて資金を調達する❻間接金融がある。企業は、直接金融においては投資者に配当と利子を払い、間接金融においては銀行に利子を払う。日本の金融は、主に間接金融であったが、高度経済成長以降、直接金融も増えてきている。

---

❺ 直接金融 기업과 정부가 주식과 회사채, 또는 공채 등의 유가증권을 발행해서 필요한 자금을 금융시장으로부터 직접 조달하는 방법.

❻ 間接金融 기업과 정부가 필요한 자금을 금융기관으로러의 차입으로 조달하는 방법.

銀行と信用創造

　銀行は、預金を受け入れると、その一部を預金準備金として保有し、残りを貸し出す。貸し出された資金は、いったん借り入れた者の当座預金に預け入れられ、取り引きに際して、借り入れた者の支払いに充てられる。この行為が繰り返されると、銀行は全体として、最初の預金額の何倍もの貸し出しを行うことになる。

　このように、銀行が全体として当初の預金額を上回る貸し出しを行うことによって預金を創出することを、❼信用創造という。信用創造の大きさは、❽預金準備率の大きさによって決定されるので、❾預金準備率の操作は、貨幣の供給に重要な意味をもつ。

	預金	支払準備金	貸し出し
銀行A	100	10	90
銀行B	90	9	81
銀行C	81	8.1	72.9
:	⋮↓	⋮↓	⋮↓
合計	1,000	100	900

最初の預金額100万円、預金準備率10%で計算すると、

信用創造合計金額＝最初の預金額×（1÷支払準備率）－最初の預金額

信用創造合計金額＝100万円×（1÷10%）－100万円＝900万円

❼ 信用創造　シュンペーターが整理して発展させた理論で銀行が預金された金額以上の資金を貸出することを言う。

❽ 預金準備率　市中銀行は受け入れた預金中の一定比率を無利子で中央銀行に再預金しなければ안 된다. 이때의 비율을 말한다.

❾ 預金準備率の操作　中央銀行が預金準備率を調整することによって市中銀行等の貸出資金量を調節하고, 민간의 자금 수요에 영향을 주려고 하는 정책.

通貨制度

　通貨の発行制度には、金本位制度と管理通貨制度がある。かつて、金本位制度の下では、中央銀行は金の保有量に応じて、金との自由な交換を保証した兌換紙幣を発行していた。この制度では、貨幣の価値は安定的ではあるが、景気の動向に応じて通貨量を増減させることが困難であるという欠点があった。

　世界恐慌[1929]が起こると、各国の政府は積極的に景気回復策をとったことによって、金本位制度をやめて管理通貨制度を採用するようになった。この制度では、中央銀行の金保有量に制約されることなく通貨を発行することができる。これにより、政策的に有効需要を増減させ、景気変動をある程度安定的に導くことができるようになった。

日本銀行の機能

　国家の金融の中枢を占め、通貨供給の源泉となり、金融政策を実施する銀行を中央銀行という。日本の中央銀行は日本銀行である。

　日本銀行の機能には三つある。第一は、日本唯一の発券銀行として、日本銀行券を発行する。第二は、銀行の銀行として、市中金融機関に対して、国債や手形の売買ほか、預金準備金の受け入れ、また資金繰りが困難になった市中金融機関に資金供給を行う。第三に、政府の銀行として、国庫金の出納等を行う。

20 DAY 확인문제

問1 通貨制度についての記述として最も適当なものを、次の①〜④のうちから一つ選べ。

① 金本位制の下では、中央銀行は金の保有量と無関係に兌換銀行券を発行できた。

② 金本位制の下では、外国為替取引は市場の自由な取引に委ねられ、為替レートは大きく変動した。

③ 管理通貨制の下では、中央銀行の金保有量に制約されるが、兌換銀行券を発行することができる。

④ 管理通貨制の下では、景気変動をある程度安定的に導くことができるようになった。

問2 日本銀行についての記述として誤っているものを、次の①〜④のうちから一つ選べ。

① 日本銀行は、日本唯一の発券銀行として日本銀行券と硬貨を発行する。

② 日本銀行は、銀行の銀行として、市中金融機関に資金供給を行う。

③ 日本銀行は、政府の銀行として、国庫金の出納を行う。

④ 日本銀行は、国家の金融の中枢を占め、金融政策を実施する。

정답 1. ④ 2. ①

21DAY

金融政策

　金融政策は、景気の調整と物価の安定を図るために日本銀行が実施する。日本銀行は、通貨を増減させるために公開市場操作と預金準備率操作との二つの手段を用いる。

　　第一の公開市場操作(オープン・マーケット・オペレーション)は、日本銀行が国債や手形等を売買することにより、資金の供給量を調節する。不況の時は、❶買いオペレーションを行い、好況の時は、❷売りオペレーションを行う。公開市場操作は短期金融市場における資金の供給量を調節し、❸政策金利を調節する金融政策の中心的手段である。

　　第二の預金準備率操作は、不況の時は預金準備率を下げて通貨量を増やし、好況の時は預金準備率を上げて通貨量を減らすことによって景気調整をする。だが、日本ではほとんど行われたことがない。

　　かつては公定歩合操作と預金準備率操作が、重要な金融調節手段であったが、今は原則としてオペレーションなどを通して金融調節を行っている。

---

　❶ 買いオペレーション　国채를 매수하는 등의 조작.

　❷ 売りオペレーション　国채를 매각하는 등의 조작.

　❸ 政策金利　일본은행이 시중은행에게 자금을 대출할 때의 금리인 공정보합과, 은행 간의 단기자금을 대차할 때의 금리인 콜레이트가 있다.

金融の自由化

　高度経済成長期まで金融業は❹護送船団方式として、競争が制限された結果、金融機関の破綻が少なかった。ところが、市場競争が激しくなった1980年代から世界的な金融自由化の波がより寄せられて、金融に対する規制緩和が次のように進まれるようになった。

　　第一に、預金金利や外国為替取引が自由化された。第二に、銀行・証券業・保険業の相互参入が一部可能になった。第三に、❺独占禁止法の改正₁₉₉₇等により、金融機関の株式会社設立が可能になった。

　　1990年代後半の金融改革は日本版❻金融ビッグバンと呼ばれ、世界的な競争力を持つ市場に向かい、自由化を加速した。

バブル経済の崩壊により回収困難な不良債権が大量に増加し、金融機関の破綻・合併が相次ぎ、巨大金融グループも誕生している。金融の自由化と共に**❼ペイオフ**が全面解禁[2005]され、預金者や投資家には、自分の判断で預金先や金融商品を選択する責任が求められることになる(自己責任原則)。

---

❹ 護送船団方式　약소 금융기관을 포함해 금융기관 전체의 존속과 이익을 지키기 위해 행해져왔다.

❺ 独占禁止法の改正　원칙적으로 금지되어 왔던 지주회사의 과도한 사업지배만 금지하는 것으로 개정되었다.

❻ 金融ビッグバン　규제가 엄격했던 금융제도를 단숨에 자유화한 대개혁으로, 효율적인 금융시스템의 구축을 지향한다.

❼ ペイオフ　금융기관이 파산한 경우, 예금환급 보증이 일정한도로 제한되는 것.

自由貿易

　自由貿易は、19世紀のイギリスの経済学者**❽リカード**[1772~1823]が主張した**❾比較生産費説**から始まった。彼は、自国内で生産費が相対的に低い財の生産に特化し輸出することで、それぞれの国に利益がもたらされるという比較生産費説を主張した。この理論によると、各国は貿易を通して利益をあげるためには、**❿自由貿易**を行うべきであるとした。

　当時のイギリスは、高い工業力を持っていて、国際競争力のある工業製品を輸出し、周辺諸国から安い農産物を輸入することが利益をもたらすと考えた。

---

❽ リカード　영국의 경제학자로, 고전파 경제학을 대표하는 한 사람. 비교생산비설을 전개해서 국가는 무역에 대한 간섭을 멈추고, 자유무역을 행하는 것이 이익이 된다고 주장했다.

❾ 比較生産費説　각각의 국가가 자국 내에서 생산비가 상대적으로 낮은 재화의 생산을 특화(전문화) 또는 수출하고, 자국에서의 생산비가 상대적으로 높은 재화는 수입하는 것으로써 각각의 국가에 이익을 가져온다는 이론.

❿ 自由貿易　국가의 간섭 없이 무역을 자유로이 행하는 것으로, 19세기 영국에서 아담 스미스와 리카도에 의해 중상주의 정책에 대한 비판에서 주장되었다. GATT와 WTO는 자유무역체제를 유지하기 위한 조직이다.

保護貿易

　経済には経済発展の階段に差があるので、国際競争力の弱い幼稚産業には保護が必要という考え方が**⓫保護貿易論**である。一般的に、資本蓄積の相違から、発展途上国では農業生産が有利であると考えられるが、途上国は、将来の発展に向かう製造業の育成を目指している。

　保護貿易を主張した19世紀のドイツの経済学者**⓬リスト**[1789~1846]は、自由貿易論が先進国の理論であると批判した。

⓫ 保護貿易　국내 산업을 보호·육성하기 위해, 품목에 따라 수입수량 제한이나 높은 관세를 부과하는 등의 무역제한을 행하는 것.

⓬ リスト　독일의 경제학자. 비교생산비설은 선진공업국 영국에만 유리하며, 후진공업국 독일은 보호무역이 필요하다고 하며 보호무역을 주장했다.

国際分業と自由貿易

　国際分業は、自由貿易論に基づいており、垂直的分業と水平的分業がある。

　垂直的分業は、原材料や部品を生産する国と工業製品を組み立てる国の間の貿易で、主に発展途上国と先進国の間で行われる。水平的分業は、各国が異る工業製品を生産し、お互いに貿易を行うことで、主に先進国間で行われる。

　このような国際分業は比較生産費説に基づいて、各国が自由貿易を行うべきである。

＊リカードの比較生産費説の考え方

イギリスはラシャを生産するのに100人、ブドウ酒に120人必要だとする。したがって、イギリスはブドウ酒を輸入しラシャを輸出することで利益を得るだろう。一方、ポルトガルではブドウ酒に80人、ラシャに90人必要だとすると、ポルトガルにとっては、ラシャを輸入しブドウ酒を輸出することが利益になる。この交換は、ポルトガルの輸入するラシャがイギリスよりも少ない労働で生産できる場合でも行われるだろう。なぜなら、ポルトガルにとっては、その資本の一部をラシャの製造に割くよりも、より多くのラシャをイギリスから輸入できるよう、ぶどう酒の生産に資本を投ずる方が有利だからである。

（リカード『経済学及び課税の原理』より）

	イギリス	ポルトガル
ラシャ1単位の生産に必要な労働力	100人	90人
ブドウ酒1単位の生産に必要な労働力	120人	80人

		イギリス	ポルトガル	総計
特化前	ラシャ	100人で1単位	90人で1単位	2単位
	ブトウ酒	120人で1単位	80人で1単位	2単位
特化後	ラシャ	220人で2.2単位	—	2.2単位
	ブトウ酒	—	170人で2.125単位	2.125単位

経済成長

　一定期間における経済活動の規模が拡大することを意味する経済成長率は、ふつう❸国内総生産(GDP)の増加率で測定されているが、物価の変動分を修正しなければ、経済成長の実態を正しくあらわすことができない。それで、GDPを❹名目GDPと❺実質GDPで示し、経済成長率を見る時には後者が用いられる。

　日本は、以前はインフレ傾向であったため、名目GDPが実質GDPより高かったが、1990年代以降はデフレ傾向になり、名目GDPが実質GDPより低くなることが多い。ある国の一人当たりの経済活動の大きさを示す指標としては、一人当たりGDPが算出されており、人口規模の異なる国の豊かさを比較するなどに用いられている。

---

❸ **国内総生産(GDP)** 국내에서 1년 동안에 새로이 생산된 재화와 서비스의 합계. 부가가치의 합계이며 한 나라의 경제규모를 나타내는 지표로서 이용된다.

❹ **名目GDP** 실제로 시장에서 거래되고 있는 가격으로 산출된 GDP.

❺ **実質GDP** 명목GDP에서 물가변동의 영향을 제거하고 얻어진 GDP.

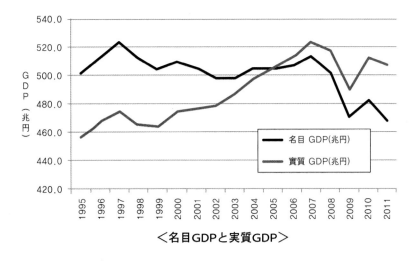

＜名目GDPと実質GDP＞

問1　中央銀行が行う金融政策として最も適当なものを、次の①〜④のうちから一つ選べ。

① デフレが進んでいる時には、売りオペレーションを行う。

② インフレが進んでいる時には、買いオペレーションを行う。

③ デフレが進んでいる時には、預金準備率を引き下げる。

④ インフレが進んでいる時には、政策金利を引き下げる。

問2　リストの保護貿易の主張として最も適当なものを、次の①〜④のうちから一つ選べ。

① 先進国に比べ競争力の弱い幼稚産業には保護が必要だと説いた。

② 自国内で生産費が相対的に低い財の生産に特化し輸出することを主張した。

③ リストは、自国産業を保護するために自由貿易を行うべきであるとした。

④ 自由貿易論は、発展途上国の理論であると批判した。

22DAY

- ❯ フローとストック
- ❯ 国民所得の三面等価原則
- ❯ 日本の国際収支
- ❯ 経済成長の指標
- ❯ 国際収支

QRコードで解析 보기

フローとストック

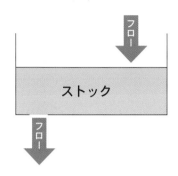

　一国の経済力を示す指標には、フローとストックの二つの概念がある。フローは、ある一定期間における国民経済の流れの量を示す指標のことで、国内総生産や国民所得がこれにあたる。ストックは、ある時点における蓄積された資産を意味する国富といえる。国富には、工場や道路・土地・地下資源などの実物資産と、対外純資産の合計がある。日本では地価が高いため、土地資産が国富の半分弱を占めている。

　生産されたフローの量が大きくても、それだけでは国民生活が豊かであるとはいえない。ストックの蓄積された量が大きくなれば、国民の生活は豊かになる。

経済成長の指標

　今日、一国の経済規模を測る指標として用いられているものは❶国内総生産(GDP)である。GDPは、一年間に国内で生産された付加価値の総生産額を示す。「領土」を基礎にしており、日本国内の外国企業や外国人の生産を含み、海外に進出した日本企業や海外での日本人の所得は含まない。

　また、GDPから固定資本減耗を差し引くとNDP(国内純生産)となる。

　一方、GDPとは別に「国籍」を基準にしている❷国民総生産(GNP)と国民総所得(GNI)は、日本人や日本企業が外国で得た所得は含み、国内で外国人と外国企業が得た所得は含まない。

　GNIから❸固定資本減耗(減価償却費)を引いたものが国民純所得(NNI)で、一国の国民が一年間に生み出した純付加価値である。NNIから間接税を引き、政府の補助金を加えた額が国民所得(NI)である。

---

❶ 国内総生産(GDP)=국내전체의 매상총액−중간생산물의 총액

❷ 国民総生産(GNP)=GDP+(해외로부터의소득−해외로의 소득)(=GNI)

❸ 固定資本減耗(減価償却費) 1년 동안 생산 등을 위해 사용한 기계설비와 공장 등의 고정자본의 감모액.

┌ ①海外からの純所得　　固定資本減耗③ ┐　┌ ④ 海外への送金

		①	国内の総生産額	②	③	④
総生産額		①	国内の総生産額	②	③	④

└ ② 間接税

国内総生産	GDP			②	③	④
国内純生産	NDP			②	④	
国民総所得	GNI	①		②	③	
国民純生産	NNI	①		②		

補助金⑤

国民所得	NI	①	⑤

国民所得の三面等価原則

　国民所得(NI)は、いかなる産業によって生産され(生産)、分配され(分配)、支出されたのか(支出)の三つの側面から捉えることができ、それぞれの総額が等しくなることを国民所得の三面等価の原則という。日本において生産面では、第一次産業は１割程度に過ぎず、第三次産業が７割を越えている。分配面では、雇用者報酬が7割を越えている。支出面では、民間消費支出が６割弱、政府最終消費支出が２割弱を占めている。

生産	第一次産業	第二次産業	第三次産業		
分配	雇用者報酬			財産所得	企業所得
支出	民間消費		政府消費		民間政府投資

<日本の国民所得の三面等価>

国際収支

　一国の１年間における対外経済取引の収入と支出を示したものが国際収支である。国際収支は大きく経常収支、資本移転等収支、金融収支、３項目に分かれる。
　経常収支は、①貿易(商品の輸出入)・サービス収支(旅行や運賃や保険、著作権・特許権等)と②第一次所得収支(国際間の雇用者報酬や、対外金融資産から得られる利子・配当)、③第二次所得収支(政府の無償援助や国際機関への拠出金や労働者送

金等)からなる。

資本移転等収支は、道路・港湾等の社会資本形成のための無償資金援助、固定資産や特許権・著作権のような非生産・非金融資産の売買等からなる。

金融収支は、①直接投資(海外に工場等の建設等)と、②証券投資(海外への株式・債権等の投資等)、③金融派生商品、④その他投資(貸付・借入等)、⑤外貨準備(政府や日本銀行等の通貨当局が保有するすぐに利用可能な対外資産)からなる。

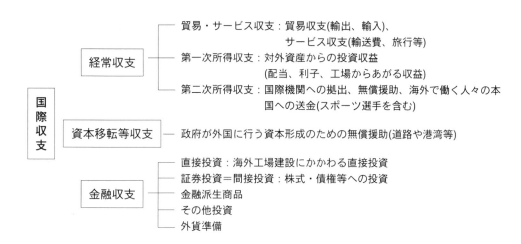

日本の国際収支

日本では、経常収支と金融収支がプラスになる傾向がある。また、金融収支のプラスは外国への直接投資や証券投資を意味することから、純対外債権が蓄積されてきたことがわかる。そのため、直接投資や証券投資から配当や利子を得ることができ、第1次所得収支のプラスが増大した。そして、2005年には第1次所得収支のプラスが貿易収支のプラスを上回った。

経常収支黒字の多くは、2000年代半ば以降、第一次所得収支が占め、後に示す海外投資の収益増が原因となっている。サービス収支は、海外旅行等を反映して、1980年代後半以降、大幅な赤字であったが、近年、海外からの旅行者も増え、赤字幅が縮小している。

金融収支では、工場移転や子会社設立等の海外投資が増加することにより黒字となり、海外からの証券投資等によって赤字になることもある。黒字は、日本が債務国から債権国に変化したことを示し、第一次所得収支の大幅な黒字の背景となっている。

項目	2013年	
	億円	
経常収支	32,343	
貿易・サービス収支	-122,521	
貿易収支	-87,734	
(輸出)	678,290	
(輸入)	766,024	
サービス収支	-34,786	
① 第一次所得収支	164,755	
② 第二次所得収支	9,892	
③ 資本移転等収支	-7,436	① 雇用者報酬と投資収益で構成される。近年ではこの黒字が貿易収支の黒字を上回ってきた。
金融収支	-16,310	② 消費財の無償援助や労働者の送金等を指す。
直接投資	130,237	③ 資本形成のための無償援助等を指す。
④ 証券投資	-254,838	④ 間接投資ともいう。
金融派生商品	55,516	⑤ 外貨準備の増加は資産の黒字、減少は資産の赤字で考える。
その他投資	14,271	
⑤ 外貨準備	38,504	⑥「誤差脱漏」調整後の経常収支と資本移転等収支合計は金融収支と釣り合う仕組みとなっている。
⑥ 誤差脱漏	-41,217	

問1 経済成長の指標である国内総生産(GDP)についての記述として適当でないものを、次の①〜④のうちから一つ選べ。

① 今日、一国の経済規模を測る指標として用いられている。

② 一年間に国内で生産された付加価値の総生産額を示す。

③ 日本人や日本企業が外国で得た所得を含める。

④ 海外に進出した日本企業や海外での日本人の所得は含まない。

問2 経常収支についての記述として正しいものを、次の①〜④のうちから一つ選べ。

① 経常収支には、貿易・サービス収支が含まれる。

② 経常収支に、雇用者報酬は含まれない。

③ 経常収支に、無償援助は含まれない。

④ 経常収支には、直接投資が含まれる。

国際通貨体制の確立

　第二次世界大戦の原因の一つである❶金本位制の崩壊等が、世界貿易を縮小させて各国の経済が停滞されたからであるという反省から、第二次世界大戦後の国際経済機構は、自由貿易の回復と国際通貨体制の再建を意図し形成された。

　まず大戦中にIMF(国際通貨基金)及びIBRD(国際復興開発銀行)の設立を主な内容とする❷ブレトンウッズ協定$_{1944}$が成立した。IMFは、間接的に各国通貨とアメリカが保有する金とを結び付けて固定相場制(金１オンス＝35ドルの金ドル本位制)を採用した。

　また、為替相場の安定を維持するために、❸特別引出権(SDR)を創設する。このように第二次世界大戦後の国際通貨体制は、強い経済力をもつアメリカ主導のもとに築き上げられ、ドルは国際間の取り引きを決済する❹基軸通貨として、重要な役割を果たすこととなった。

---

❶ **金本位制** 화폐단위의 가치와 금의 일정량의 가치가 등가관계를 유지하는 본위제도이다. 통화의 가치를 금의 가치에 연계시키는 화폐제도로, 19세기 영국을 중심으로 발전되었다.

❷ **ブレトンウッズ協定** 2차 세계대전 말 세계 자본주의 질서를 재편하기 위해 서방 44국 지도자들이 모여 만든 국제통화체제. 미 달러를 금으로 바꿔주는 금태환제의 도입, IMF 및 IBRD 창설 등이 핵심 내용이다.

❸ **特別引出権(SDR)** IMF가맹국이 IMF로부터 국제유동성을 확보할 수 있는 특별인출권을 말한다.

❹ **基軸通貨** 금과 더불어 국제 결제의 중심이 되는 통화로 key currency라고도 한다. 대표적으로 미국 달러가 이에 속한다.

国際通貨体制の変容

　1960年代になると、アメリカの国際競争力の低下等によってドル危機が発生し、ドルの信用が低下された。このため、アメリカはドルと金の交換を停止し、世界は変動相場制に移行して混乱が生じた(❺ニクソン・ショック$_{1971}$)。同年、スミソニアン協定が締結され固定相場がまた再開されたが、国際通貨情勢は安定せず、また主要国を中心に変動相場制$_{1973}$へ移行した(キングストン合意$_{1976}$)。

　1980年代に入ると、レーガン大統領の❻レーガノミクスと呼ばれる政策により、アメリカ経済は財政赤字と貿易赤字の双子の赤字に苦しんだ。そのため、5ヵ国財務相・中央銀行総裁会議(G5)では、各国が協調してドル高を是正するとのプラザ合意$_{1985}$が成立し、短期間に急激なドル安・円高が進行した。その後、7ヵ国財務相・

中央銀行総裁会議(G7)で、これ以上のドル安は望ましくないとのルーブル合意[1987]が確立された。しかし、❼リーマン・ショック[2008]、さらに❽ギリシャ財政危機[2010]以降、円の独歩高が続いていたが、日米の金利差が縮まったこともあり、2013年以降、円安に反転している。

---

❺ ニクソン・ショック 1960년대 말부터 미국은 베트남 전쟁을 포함해 많은 대외 원조와 군사비 지출로 경제력이 크게 약해졌다. 이 과정에서 미국의 국제수지 악화와 달러화에 대한 금 교환 요구가 크게 늘면서 미국의 금 보유고가 급감하였다. 이에 닉슨 대통령은 금과 달러의 교환 정지라는 달러 방어 정책을 내놓았는데, 대미 수출 의존도가 높은 한국, 일본, 중남미 등에 큰 타격을 주었고, 고정환율제에서 변동환율제로 바뀌는 전환점이 되었다.

❻ 레이거노믹스 1980년대부터 미국 레이건 대통령이 실시했던 경제재건정책으로, 불황을 극복하기 위해 대폭감세와 정부규제 완화, 통화공급억제 등을 시행했으나, 군사비 등의 삭감에는 실패해 재정적자가 급증했다.

❼ 리먼・쇼크 서브프라임 모기지 론(비우량 주택담보대출)으로 인한 미국의 대형 투자 은행 리먼 브라더스의 파산으로 촉발된 세계적인 금융 위기.

❽ ギリシャ財政危機 EU통합에 따른 무역적자와 방만한 재정운영에 따른 재정적자, 불평등한 복지정책에 따른 재정위기.

1944~	1971.8~	1971.12~	1976~	
固定相場制	変動相場制	固定相場制	変動相場制	
ブレトン・ウッズ体制	ニクソン・ショック	スミソニアン合意	キングストン体制	
1ドル＝360円	ドルと金の交換停止	一時的な固定相場制	プラザ合意 (1985)	ルーブル合意 (1987)
			ドル高の是正、円高の進め	ドル安の是正

〈国際通貨制度の歩み〉

為替相場

国際間の経済取り引きの受け取りと支払いには、通常、自国通貨と外国通貨とを交換する必要が生じてくる。国家間で通貨の交換をするためには、通貨の交換比率(為替相場・為替・レート)を決める必要があり、それには固定相場制と変動相場制がある。

固定相場制では、為替レートを一定の水準に維持することを義務づけられ、日本では1ドル＝360円[1949~71]と決められていた。現在、日本及び先進諸国は変動相場制を採用し、為替相場は基軸通貨としてのドルの需要と供給に基づき、市場によって決定される。

円の為替相場は、変動相場制へ移行してから、おおよそ円高で推移してきた。プラザ合意[1985]以降は、急速な円高・ドル安が進んだために、国内製品の輸出の採算が悪化した。国内で生産された製品の輸出が不利になると海外への直接投資を通じて現地生産を拡大していった。こうして日本では、日本国内の❾産業の空洞化が進

み、日本企業が海外で生産した製品類の輸入も伸びている。

❾ 産業の空洞化 한 산업을 구성하고 있는 경제주체들, 즉 개인이나 기업들이 다른 지역, 다른 국가로 이주함으로써 원래의 지역에는 산업이 점차적으로 소멸하거나 쇠퇴되는 현상.

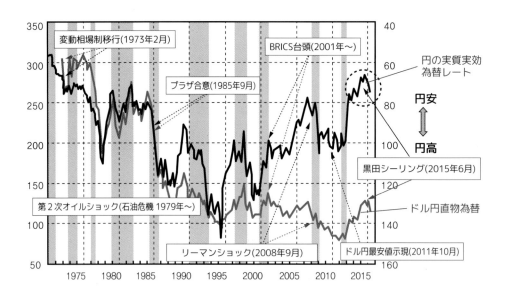

<ドル円直物為替と円の実質実効為替レートの推移>

為替相場の変動要因

　為替相場は現在の変動相場制度の下では、円と外国通貨の交換の需給によって変動し、変動要因としては、国際貿易取り引きと国際資本取り引きを集計した国際収支の動向等がある。

　従って、国際貿易取り引きでは日本の物価と外国の物価の相対的関係、国際資本取り引きでは日本の金利と外国の金利の相対的関係や将来の為替相場の予想が為替相場に影響を及ぼす。

　日本の金利が外国の金利と比べて上昇すると、外国から日本にドル資金が流入するので、ドルを売って円を買い日本の金融資産に運用する。このようにして、ドルに対する円の需要が増加し、ドルに対して円高となる。円高は、海外市場で競争力を落として輸出を減少させる。これは、国内景気を停滞させて、景気を後退させる。一方で、円高は輸入品価格の低下につながり、物価を抑制する効果をもたらす。

問1 戦後の国際通貨体制や、これを支える上で中心的役割を果たした米ドルの動向についての説明として誤っているものを、次の①～④のうちから一つ選べ。

① ブレトンウッズ協定では、固定為替相場制が採用された。

② 1960年代には、アメリカの金準備高が減少しドル不安が高まった。

③ 1970年代の初めに、アメリカは金とドルとの交換を停止した。

④ スミソニアン協定では、変動為替相場制への移行が合意された。

問2 ドルに対する円の為替相場を上昇させる要因として最も適当なものを、次の①～④のうちから一つ選べ。

① 日本からアメリカへの輸出が増加する。

② アメリカの短期金利が上昇する。

③ 日本銀行が外国為替市場で円売り介入を行う。

④ 投資家が将来のドル高を予想して投機を行う。

24 DAY

国際貿易体制の変容

GATT(関税及び貿易に関する一般協定)₁₉₄₇は、IMFと同様、第二次世界大戦の原因の一つがブロック経済にあったとの反省から、貿易保護措置を撤廃して世界貿易を拡大することを目的につくられた。輸入制限の撤廃・無差別原則確報・関税の軽減等の三原則を掲げてスタートした。IMF・GATT体制は、自由貿易を推進する戦後国際経済を方向づけた。GATTは、多くの多角的貿易交渉を行い、関税の大幅引き下げ等を実現した。

同体制は、後に❶ウルグアイ・ラウンド₁₉₈₆~₉₃で決めた❷マラケシュ宣言₁₉₉₄を受けて、WTO(世界貿易機関)₁₉₉₅に発展改造した。ドーハでWTO閣僚会議(❸ドーハ・ラウンド)₂₀₀₁が開始されたが、交渉は決裂し、現在まで打開の目処は立っていない。そのため利害が一致した国・地域同士による自由貿易協定(FTA)や❹経済連携協定(EPA)の締結が推進されている。

---

❶ ウルグアイ・ラウンド 1980년대 초반 만연된 각국의 보호무역 추세를 보다 완화하여, 일방주의·쌍무주의·지역주의 등을 억제하고 다자간 무역체제를 강화하는 한편, 세계의 무역자유화를 실현하기 위해 출범하였다. 그 결실로 세계무역기구가 출범하였다.

❷ 마라케시宣言 GATT의 '우루과이 라운드'에서 채택된 선언으로, GATT의 기능을 발전적으로 계승하는 세계무역기관(WTO)의 설립을 정했다.

❸ ドーハ・ラウンド WTO에 가맹한 약 150개국이 무역의 자유화를 논의한 다각적 통상교섭.

❹ 経済連携協定(EPA) 자유무역협정(FTA)을 주요 내용으로 하는 국가간 경제협력 방안이다. EPA는 관세 철폐·인하 외에 투자와 서비스, 지식재산, 인적자원 이동의 자유까지 포괄한다.

戦後の日本経済

第二次世界大戦に敗れた日本は、経済を立て直すため、政府は、限られた資金と資源を基幹産業に重点的に配分する❺傾斜生産方式を採用した。また、❻連合国軍総司令部(GHQ)₁₉₄₅~₅₂の指導のもとで、財閥解体・農地改革・労働組合の育成等、経済民主化のための改革が行われた。

深刻化したインフレーションを収束させるため、GHQは❼経済安定九原則₁₉₄₈と❽ドッジ・ライン₁₉₄₉といわれる財政引き締め政策を取った。これは予算の収支均衡、復金債(経済復興のための債権)の発行禁止、単一為替レートの確立(1ドル＝360円)等、インフレを収束させるための政策であった。

また、ドッジ・ラインを財政面から支えるための❾シャウプ勧告に基づいて、直接税を中心にする税制改革も行われた。このため、インフレは収まったものの、日本経済は不況に陥った。しかし、朝鮮戦争₁₉₅₀が勃発すると特需景気が発生し日本経済はにわかに活気づいた。

---

❺ **傾斜生産方式** 한정된 자금과 노동력, 자재를 기간산업에 중점적으로 투입해서 산업토대를 다지고, 그 효과를 점차 비료, 전력 등 타 산업으로 파급시켜가는 것으로 생산증대를 도모하고자 했다.

❻ **連合国軍総司令部(GHQ)** 일본이 제2차 세계대전에 패한 이후, 1945년 샌프란시스코 강화조약이 발효된 1952년까지 6년 반 동안 일본을 간접통치했던 연합군의 최고위 사령부이다.

❼ **経済安定九原則** 미국 정부가 GHQ를 통해서 일본 정부에 지령했던 경제정책. 단일환율 설정과 인플레 수습 등을 실현하고, 일본의 경제자립을 목표로 했다.

❽ **ドッジ・ライン** GHQ의 경제고문 도쥐에 의한 재정·금융·통화에 걸친 일본의 경제안정계획.

❾ **シャウプ勧告** 2차 세계대전 후의 일본규제의 근간이 되었던 권고. 이 권고에 따라 일본세제는 직접세 중심이 되었다.

高度経済成長

　日本経済は1955年から1973年までを高度経済成長期という。池田首相が❿国民所得倍増計画₁₉₆₀₋₇₀を発表し、毎年平均10%ほどの率で経済成長を続ける高度経済成長を迎えた。高度経済成長を可能にした要因は、活発な民間設備投資、それを資金面から支えた国民の高い貯蓄率、良質で豊富な労働力等である。また、自由貿易の進展や安価な原油の安定的供給等、国際的な環境も経済成長を促した。その後、第1次石油危機により、鉄鋼や石油化学などの「重厚長大」型の素材産業から、より付加価値の高い「軽薄短小」型の知識集約型産業へと、基軸となる産業の転換が進んだ。

---

❿ **国民所得倍増計画** 이케다 하야토 내각이 책정했던 경제계획. 사회자본의 충실과 산업구조의 고도화를 목적으로 해서 앞으로 10년 동안 국민경제의 실질가치 규모를 2배로 만드는 것을 목표로 했다.

石油危機以降の日本経済

　第一次石油危機₁₉₇₃によって、各国は⓫スタグフレーションに苦しんだ。日本では戦後初めてマイナス成長となり、高度経済成長は終わり、年率3〜5%の安定成長の時代を向かえた。日本の産業構造は、石油危機をきっかけに、それまでの重厚長大産業から軽薄短小産業へと転換され、経済のソフト化・サービス化が進み、情報などの知識集約型産業が重視されるようになった。

　日本は、原油価格の高騰、変動相場制への移行等1970年代の国際経済環境の変化に対応するため、需要を海外に求め輸出を伸ばし、日本の貿易黒字は大きく膨らみ、アメリカとの間に貿易摩擦が起きた。

❶ スタグフレーション　経済 불황 속에서 물가상승이 동시에 발생하고 있는 상태.

バブル経済とその崩壊

　プラザ合意₁₉₈₅によって、円高・ドル安が急速に進み、輸出に依存する日本経済は苦境に立たされた(円高不況)。これに対して、日本は大幅な金融緩和政策を実施し、バブル経済を生み出した。

　1989年から、日銀はようやく金融引き締めに転じ、バブル経済は崩壊することとなった。すると、土地・株式等の資産価格が下落し、不良債権問題が発生し、これに有効需要の不足も加わり、1990年代から日本は平成不況に苦しむこととなった。

　バブル経済崩壊後、金融機関等の大型倒産₁₉₉₇が起こり実質経済成長率がマイナスとなった。2002年に景気が底をつくと輸出の増加を要因とした景気拡大が2007年まで続いたが、国民の❷可処分所得が伸び悩み、消費は増えなかった。

　この後、中国をはじめとする新興国の経済の成長等で、景気は緩やかに持ち直す傾向を見せていたが、東日本大震災₂₀₁₁の発生によって日本経済は打撃を被ることになる。

❷ 可処分所得　개인소득에서 소득세나 사회보험료 등을 뺀 나머지 소득.

問1 高度経済成長期以降の産業構造の変化に関連する記述として最も適当なものを、次の①〜④のうちから一つ選べ。

① 日本経済は1955年から1993年までを高度経済成長期という。

② 日本の産業構造は、二度の石油危機をきっかけに、重厚長大産業から軽薄短小産業へと転換された。

③ 安価な原油の安定的供給や保護貿易の進展などの国際的な環境も経済成長を促した。

④ 高度経済成長期に日本の貿易黒字は大きく膨らみ、イギリスとの間に貿易摩擦が起きた。

問2 バブル経済に関連する記述として最も適当なものを、次の①〜④のうちから一つ選べ。

① プラザ合意によって、円安が進み、輸出に依存する日本経済は苦境に立たされた。

② バブル経済の崩壊後、金融機関などの大型倒産が起ったが、実質経済成長率はプラスとなった。

③ 1980年代後半以降の金融緩和によって生み出したバブル経済は、89年からの金融引き締めにより崩壊した。

④ 2002年以降、景気拡大が続き、国民の可処分所得が増え消費も増加した。

정답 1. ②　2. ③

PART 4

現代社会・国際社会

종합과목에서 출제되는 현대사회·국제사회 문제는 생명윤리, 사회보장과 사회복지, 불평등의 시정, 에너지 문제, 국제관계와 국제법, 글로벌라이제이션, 지역통합, UN과 국제기구, 남북문제, 인종·민족성·민족문제, 지구환경문제, 국제평화와 국제협력 등이다.

25DAY

- ❯ 国際社会の成立
- ❯ 人権の国際的保障
- ❯ グローバル化
- ❯ 日本経済の国際化
- ❯ 国際法
- ❯ 国際司法機関
- ❯ 国際経済機関

国際社会の成立

ヨーロッパで行われた❶30年戦争₁₆₁₈~₄₈の講和会議であるウェストファリア会議₁₆₄₈で、初めに国際社会の観念が生まれたとされる。国際会議の始まりといわれる同会議で締結された❷ウェストファリア条約は、一定の領土を排他的に支配する主権国家を基本的な単位とする国際社会像を提示した。そして、このような国際社会像はフランス革命とナポレオン戦争後の混乱を収拾することを目的に開かれたウィーン会議₁₈₁₄~₁₅によって、一層明確にされた。

---

❶ **30年戦争** 独일을 무대로 신교(프로테스탄트)와 구교(가톨릭) 간에 벌어진 종교전쟁. 최후 최대의 종교전쟁이면서, 최초의 근대적 '영토전쟁'이기도 했다.

❷ **ウェストファリア条約** 독일의 30년전쟁을 끝마치기 위해 1648년에 체결된 평화조약으로 가톨릭 제국으로서의 신성로마제국을 사실상 붕괴시키고, 주권 국가들의 공동체인 근대 유럽의 정치구조가 나타나는 계기가 되었다.

国際法

国際社会には何が国際法であるかを裁定し、その執行を強制する機関は存在しない。しかし、主権平等・内政不干渉等の原則は全ての国が認めている。

オランダのグロティウスは、三十年戦争の混乱を背景に『戦争と平和の法』を著し、国家間の関係もまた人間の理性と自然法によって律せられるとし、法による国際社会の秩序維持を訴えた。その後、西ヨーロッパ諸国を中心として、二国間の合意や国際会議の場において結ばれた条約が、国際法として承認されるようになった。

国際法には、成文国際法と言える条約があり、外交使節に対する治外法権と免税特権、それから中立国の不可侵、戦闘行為について不必要な大量破壊・残虐行為の禁止や捕虜の取り扱い等について多くの規定がある。

人権の国際的保障

国際連合総会において、人権保障の共通の基準を示す世界人権宣言₁₉₄₈が採択され、さらにこの宣言に直接拘束力を与えた国際人権規約₁₉₆₆が採択された。その後も人種差別撤廃条約₁₉₆₅、女子差別撤廃条約₁₉₇₉、児童の権利条約₁₉₈₉等が採択された。

現在では、基本的人権は国境を越えて保障されるべきものとみなされ、人権侵害を行う国家や団体に対してアムネスティ・インターナショナル[1961]等の非政府組織(NGO)や国際社会の厳しい批判が向けられるのが通例である。

国際司法機関

国際社会に世界政府は存在していないが、国際連合の安全保障理事会による国際平和と安全に関する決議が全加盟国を拘束する点は、世界政府に近い権限と言える。また、紛争当事国双方の同意によって行われる国際司法裁判所(ICJ)の紛争処理も期待されているが、個人は対象外としている。それで、大量虐殺や人道的行為を違反した個人を国際社会が裁くための裁判所として国際刑事裁判所[2003](ICC)が発効された。

グローバル化

20世紀後半から、冷戦の終結等の国際情勢の変化や情報ネットワークの発展により、従来の国境を越えた規模で、様々な分野での交流が進んでいる。これをグローバリゼーションと言う。特に1990年代以降、経済面でのグローバル化が強調され、日本でも大きな変化をもたらしている。さらに、国際貿易と資本の取り引きにおいて規制や障壁が取り除かれるにつれて、経済活動が、国境を越えて地球規模で自由に行われるようになる。より高い収益を求めて資本の移動や集中は、❸アジア通貨危機[1997]に見られたように、大量の資本の流出入がその国の経済を撹乱する要因となることもある。

❹タックス・ヘイブンは、所得や資産に対して、無税または低い税率しか課さない国や地域をいうが、最近、富裕層や多国籍企業などが、タックス・ヘイブンに資産を移すことで徴税を逃れているといわれ、問題になっている。

---

❸ アジア通貨危機　1997年부터 태국의 통화 '바트'가 대폭 하락한 영향으로 아시아 각국에서도 급격한 통화 하락을 초래했다.

❹ 타ックス・ヘイブン　해외기업유치를 목적으로 해서 기업의 이익에 대해 비과세 또는 낮은 비율의 과세를 하는 등의 우대조치를 부여하고 있는 나라와 지역. 바하마섬, 버뮤다제도, 케이먼제도 등이 있다. 목적은 기업유치에 의한 외화획득이다.

国際経済機関

国際貿易が発展し国際資本移動が増大することによって、国際的な経済政策の協調はもっと必要とされる。今は、国際通貨基金(IMF)₁₉₄₄・国際復興開発銀行(IBRD)₁₉₄₄・国際貿易機関(WTO)₁₉₉₅が重要な役割を果たしている。また、南北問題に対処するために国連貿易開発会議(UNCTAD)₁₉₆₄が設立された。一方、❺経済協力開発機構(OECD)₁₉₆₁は加盟先進諸国間の経済成長と雇用の増大、自由で多角的な世界貿易の拡大を目指している。さらに、OECDは加盟国による発展途上国援助の促進と調整を図ることを目的としており、そのための下部機関として開発援助委員会(DAC)を設けている。今日、❻サミット₁₉₇₅やG7・G8も先進諸国の政策協調に基づいた政策運営を協議する場となっている。

---

❺ **経済協力開発機構(OECD)** 상호 정책조정 및 정책협력을 통해 회원 각국의 경제사회발전을 공동으로 모색하고, 나아가 세계경제문제에 공동으로 대처하기 위한 정부 간 정책연구・협력기구이다.

❻ **サミット** 석유위기 이후, 경제위기에 대처하기 위한 선진자본주의국의 수뇌회의이다.

日本経済の国際化

戦後の日本は、サンフランシスコ平和条約₁₉₅₁を締結して独立を回復し、国連加盟₁₉₅₆を果たした。韓国₁₉₆₅と中国₁₉₇₂ともそれぞれ国交を正常化した。さらに、IMF・IBRD・GATTにも加入し、日本の国際経済への復帰も進んだ。高度経済成長期には、輸出産業も、繊維等の軽工業から鉄鋼・造船等の重工業へ移り、産業構造の高度化が進んだ。周期的な赤字を繰り返していた経常収支も、1965年ごろから黒字が定着し、資本輸出も行われるようになった。

この流れの中で、日本に対して、輸入制限・為替管理等の産業保護措置の撤廃を求める諸外国の圧力が強まった。その結果、1960年代初めから為替取引や貿易の自由化が行われ、経済協力開発機構(OECD)にも加盟し、資本の自由化が義務づけられた。また、1980年代に始まった円の切り上げを背景に、1980年代後半から生産・販売拠点を海外に求める直接投資が増加した。

問 1 国際司法機関についての記述として誤っているものを、次の①〜④のうちから一つ選べ。

① 大量虐殺や人道的行為を違反した個人を裁くための裁判所は国際刑事裁判所(ICC)である。

② 国際司法裁判所(ICJ)は紛争当事国双方の同意がなければ行われない。

③ 国際連合は世界政府に近い権限をもつため、国際的な紛争は安全保障理事会で裁く。

④ 国際司法裁判所(ICJ)では国家間の紛争を処理しているが、個人は対象外としている。

問 2 国際経済機関が行ってきたことについての記述として最も適当なものを、次の①〜④のうちから一つ選べ。

① UNCTAD(国連貿易開発会議)は、南北問題に対処するために設立された。

② OECD(経済協力開発機構)は、原油価格の下落を防ぐために設立された。

③ WTO(世界貿易機関)は、発展途上国の貿易発展を図るための機関である。

④ DAC(開発援助委員会)は、先進国の産業保護や発展のための機関である。

정답 1. ③ 2. ①

26 DAY

- 国際連合の成立
- 国際連合の仕組みと機能
- 難民問題
- 国連の幅広い活動
- 国際紛争

国際連合の成立

第二次世界大戦が終了する以前から、米・英・ソの３国が中心となり、新しい国際平和維持機構設立のための話し合いを続けてきた。その結果、連合国はサンフランシスコに集まり、ニューヨークに本部を置いた国際連合$_{1945}$(国連)を設立することに署名した(原加盟国51ヵ国)。

発足後に、日本$_{1956}$と東・西ドイツ$_{1973}$等の旧枢軸国も参加を認められた。そのほか、アフリカの新興独立国も1960年代以降に新規加盟国となった。今日の国連は、世界中のほとんどの国々が加盟しており、2015年現在、加入国193ヵ国である普遍的な国際組織となっている(南スーダンの193番目加入$_{2011}$)。国連憲章は、国連軍について定めているが、制裁措置として正規の国連軍が組織されたことはかつてない。

国連の幅広い活動

国連には、6つの主要機関のほかにも多くの組織があり、様々な分野で活動する。

司法機関としては、国家間の法律的紛争を裁く❶国際司法裁判所(ICJ)のほかに、大量虐殺や戦争犯罪等、個人の人道的違法行為を裁く❷国際刑事裁判所(ICC)$_{2002}$がある。さらに、国連は国際労働機関(ILO)$_{1919}$や国連食糧農業機関(FAO)、世界保健機関(WHO)等の専門機関と連携している。国連教育科学文化機関(UNESCO)は、教育・科学・文化を通じて国際協力を促進することを目的として活動している。

国連難民高等弁務官事務所(UNHCR)は、紛争により生まれる難民や国内避難民に対する人道的援助を行い、国連開発計画(UNDP)は世界と協力して貧困の改善に取り組んでいる。また、国連人権高等弁務官事務所(OHCHR)の活動は世界的に人権意識を高める役割を果たしている。

---

❶ **国際司法裁判所(ICJ)** 국제연합의 주요 사법기관으로 헤이그에 있다. 국가간의 분쟁을 재판하지만, 강제적 관할권은 없기 때문에 당사국이 동의하지 않는 한 재판은 시작할 수 없다.

❷ **国際刑事裁判所(ICC)** 국가 간 분쟁이나 국내분쟁 등으로 중대한 비인도적 행위를 범한 개인을 재판하기 위한 상설재판소로 헤이그에 있다. 주로 독재자에 의한 박해 등을 대상으로 한다.

国際連合の仕組みと機能

　国連の目的は、国際社会の平和、安全の維持、諸国家の友好関係の発展、経済的・社会的・文化的・人道的な面での国際協力の推進を掲げている。

　ニューヨークに本部を置く国際連合は、総会・安全保障理事会・経済社会理事会・信託統治理事会・国際司法裁判所(ICJ)・事務局をもち、これら6機関の下に多数の委員会・専門機関を設けて活動している。信託統治理事会は、1994年以降に任務を終了し、必要がある時に会議が開かれるとされている。

① 総会

　国連の中心的機関で、全加盟国によって構成され、多数決制をとっている。「平和のための結集」決議$_{1950}$を採択し、安全保障理事会に代わり、平和の維持のために必要な措置を3分の2以上の多数によって勧告できるようになった。国家の大小にかかわりなく一国一票による多数決で議決するため、数において勝る発展途上国の発言力が次第に高まってきている。

② 安全保障理事会

　世界の平和と安全の問題について決定する権能をもっている。経済制裁・外交関係の断絶等の非軍事的強制措置のみならず、軍隊による軍事的強制措置を決定する強い権限を有する。常任理事国(米・英・仏・ロ・中)と総会で選ばれる非常任理事国(2年任期の10ヵ国)からなる。常任理事国は拒否権を有しているため、5大国のうち1国でも反対すると安全保障理事会の機能は停止する。

③ 経済社会理事会

　国連の主要機関の一つで、経済や社会問題等を研究・勧告している。多くの専門機関がこの理事会と協定を締結して連携している。

④ 国際裁判所(ICJ)

　国連の主要な司法機関として国家間の紛争を裁くが、強制的管轄権を持たないため、当事国が同意しない限り裁判を始められない。他に重大な非人道的行為を犯した個人を裁くための国際刑事裁判所(ICC)がある。

国際紛争

　民族と宗教の違いによる代表的な紛争は、❸チェチェン共和国の紛争と、❹旧ユーゴスラビアの分裂である。また、西アジアの❺クルド人問題、アフリカのソマリア内戦、ルワンダ内戦は、植民地時代に宗主国が決めた国境と民族の居住範囲が一致しなかったことが原因で、多数の難民が発生している。

　国連は、難民問題の解決のために国連難民高等弁務官事務所(UNHCR)によって難民の保護を進めている。スーダンには北部のイスラム教徒と南部のキリスト教徒との内戦が続き、南部は南スーダンとして独立$_{2011}$した。

❸ **チェチェン共和国の紛争** 러시아로부터의 독립을 선언한 체첸공화국과 이를 반대하는 러시아 사이에 벌어진 전쟁과 폭력사태, 그로 인한 소요와 혼란을 총칭하는 말이다.

❹ **旧ユーゴスラビアの分裂** 옛 유고슬라비아 연방의 해체·재편 과정에서 일어난 세르비아계와 타민족 간에 벌어진 분쟁.

❺ **クルド人問題** 터키·이란·시리아·카프카스에 걸친 산악지대에 사는 민족으로 자주 자치를 요구하는 내란을 일으켜 탄압을 받고, 난민으로서 주변국으로 탈출해 분쟁을 일으키고 있다.

難民問題

　バルカン半島は、「ヨーロッパの火薬庫」といわれ、複雑な民族問題が歴史的に展開されてきた。多民族国家であった旧ユーゴスラビアは、冷戦終結後、民族の分離・独立をめぐって内紛が激しくなり、北大西洋条約機構(NATO)軍による空爆が行われ、大量の難民が発生した(コソボ紛争$_{1999}$)。

　民族対立の問題は、一つの国で複数の民族が共存して生活している場合に圧倒的に多く発生する。アジアでは宗教等をめぐりインドとパキスタン、イランとイラク等の国家間の対立がある。また、国内の少数民族の独立をめぐる問題としては、中国におけるチベット人やウイグル人、イラン・イラク・トルコにおけるクルド人等がある。

問 1 国際連合憲章に定められている総会や安全保障理事会の議決のルールについての記述として正しいものを、次の①〜④のうちから一つ選べ。

① 安全保障理事会では、すべての理事国は拒否権を行使できる。

② 安全保障理事会では、すべての理事国の過半数の賛成により議決を行う。

③ 総会では、すべての加盟国は一票の投票権を有する。

④ 総会では、安全保障理事会のすべての理事国は拒否権を行使できる。

問 2 国際紛争と難民についての記述として誤っているものを、次の①〜④のうちから一つ選べ。

① チェンチェン紛争は、ロシアとの民族と宗教の違いによる紛争である。

② 国連は、難民問題の解決のために難民発生国に対して経済的な支援を積極的に行っている。

③ スーダンには北部のイスラム教徒と南部のキリスト教徒との内戦が続き、南部は南スーダンとして独立し国際連合に加入した。

④ アフリカの難民発生は、植民地時代に宗主国が決めた国境と民族の居住範囲が一致しなかったことがその原因である。

정답 1. ③ 2. ②

国際機構の発達と平和維持活動

　国連システムの外にも経済開発協力機構(OECD)、地域をベースとした欧州連合(EU)、アフリカ機構(AU)、東南アジア諸国連合(ASEAN)等様々な国際・地域機構が国際関係の主要な行動主体として登場してきている。また、政府が中心となっていない、国際赤十字(ICRC)、アムネスティー・インターナショナル、国境なき医師団といった国際的な非政府組織(NGO)も発達してきた。

　冷戦終結後、平和維持活動(PKO)が国連の安全保障機能として、脚光を浴びてきた。PKOは、一般的に「国連軍」と呼ばれることもあるが、目的は紛争の鎮静化と解決である。紛争拡大を防ぐ軍事監視団や平和維持軍(PKF)と停戦監視団と選挙監視団などの活動をしている。「闘わない軍隊」であるPKOは、その功績を認められ、ノーベル平和賞$_{1988}$を贈られた。

南北問題・南南問題

　第二次世界大戦後、発展途上国の多くは、経済的にはモノカルチャー経済から脱却できず、先進国との経済格差はますます広がった。主に北半球に位置する先進国と南半球に位置する発展途上国との経済格差やそれに伴う諸問題を南北問題と呼ばれている。

　1980年代に、工業化が進んだ❶新興工業経済地域(NIEs)や原油価格の値上げで莫大な収入を得た産油国が生まれた。反面、後発発展途上国(LDC)や途上国の中でも石油輸入国で原油価格高騰の影響を大きく受けた国、工業化を目指したものの債務が累積する国等、その経済格差が要因になって生ずる開発途上国間の諸問題を南南問題と呼ぶ。

---

❶ **新興工業経済地域(NIEs)** 아시아의 NIEs는 흔히 '4마리의 작은 용'이라 불리었던 대만, 싱가포르, 홍콩, 한국을 말한다.

地域統合

　戦前の地域的経済統合は保護主義地域ブロック化を引き起こしたが、現在は自由貿易地域の拡大を目指す動きとして進められている。国を越えた一定地域内で、商品や資本、労働力等の移動を自由化して、一つの大きな自由市場を形成して、その

地域内における経済的な結び付きを強めることである。

　無差別主義を根拠としてつくられた世界貿易機構(WTO)は、多国間でルールを決めるのに対し、自由貿易協定(FTA)は特定の国や地域で交渉するという違いがある。戦後、複数の国家が結び付きを強化していくリージョナリズム(地域主義)の動きはますます強くなっている。日本は、WTOでの交渉を中心にしてきたが、FTAも進める方針に転換しつつある。

①EU

　欧州連合条約(❷マーストリヒト条約$_{1992}$)の発効によって成立したEU$_{1993}$(欧州連合)は、単一通貨「ユーロ」が導入$_{1999}$・流通$_{2002}$されている。2017年現在、加入国は英国の脱退$_{2016}$によって27ヵ国となっている。市場統合によって、巨大な経済力をもつ単一市場に成長し、現在、欧州連合改革条約$_{2009}$(❸リスボン条約)が発効されている。

② NAFTA・MERCOSUR

　北米自由貿易協定(NAFTA)$_{1994}$は、北米大陸のアメリカ・カナダ・メキシコの３ヵ国で結び、３ヵ国間の投資や輸出を伸ばした。

　MERCOSUR$_{1995}$(南米南部共同市場)は、南米のブラジルをはじめ６ヵ国で、域内の貿易自由化と域外共通関税を実施している。

③ AFTA・APEC・TPP

　ASEAN自由貿易地域(AFTA)$_{1992}$は、東南アジア諸国連合(ASEAN)$_{1967}$首脳会議で合意され、域内関税が引き下げられている。

　アジア太平洋経済協力(APEC)$_{1989}$は、アジア・太平洋圏の経済協力関係の強化を目的として、オーストラリアの提唱で設立された。

　環太平洋経済連携協定(TPP)は、太平洋を囲む諸国間でヒト・モノ・サービス等の移動をほぼ完全に自由化しようとする多国間協定である。

---

❷ **마스트리히트条約** 유럽연합의 창설을 정한 조약으로, 이에 따라 유럽통합이 한 단계 나아가, EC에서 EU로 전환했다. EU의 창설, 경제·통화동맹의 설정, 공통 외교·안전보장정책, 유럽시민권 등을 규정했다.

❸ **리스본条約** 기존의 유럽연합의 기본조약을 수정한 조약. 임기 2년 6개월에 1차례 연임할 수 있는 유럽연합 대통령직(상임의장)을 신설하고, 외무장관에 해당하는 임기 5년의 외교정책 대표직도 신설하였다.

人種問題・エスニシティ問題

　白人が多数を占めるアメリカで、長い間差別されてきた黒人は、❹キング牧師 _{1929~68}らに指導された1960年代の公民権獲得運動の結果、一定の社会的進出を果たした。南ア共和国でも、黒人への人種隔離政策（❺アパルトヘイト）_{1950~91}が行われたが、撤廃された後は最初に黒人の大統領₁₉₉₄❻マンデラ_{1918~2013}が選ばれた。

　民族とは、血縁・言語・宗教等文化的きずなを共有する集団、あるいは共通の帰属意識(アイデンティティ)をもっている集団のことをいう。こういう集団(❼エスニック・グループ)は、それぞれ自分たちの領域から他のグループの人々を追い出そうとして、ある場合には集団的な虐殺(ジェノサイド)も行われた。

---

❹ **キング牧師** 미국의 흑인 운동 지도자이자 목사. 시영 버스의 차별적 좌석제에 대한 버스 보이콧 운동을 비폭력 전술로 이끌어 승리를 거두는 등, 공민권법・투표권법의 성립을 촉진시켰다. 1964년에 노벨 평화상을 받았다.

❺ **アパルトヘイト** 남아프리카에서 계속되었던, 백인 이외의 인종에 대한 극단적인 인종차별・인종격리정책. 약 16%의 백인이 84%의 비백인(非白人)을 정치적・경제적・사회적으로 차별했던 정책이다.

❻ **マンデラ** 남아프리카공화국 최초의 흑인 대통령이자 흑인인권운동가. 종신형을 받고 27년여 간을 복역하면서 세계인 권운동의 상징적인 존재가 되었다. 1993년에 노벨평화상을 받았다.

❼ **エスニック・グループ** 특정한 언어・신앙・습관・사회조직 등의 문화적 사상의 귀속의식을 공유하는 인간집단.

多文化理解

　世界には三大宗教(キリスト教、仏教、イスラム教)をはじめ、インド等で信仰されているヒンディー教やユダヤ人の民族宗教であるユダヤ教等、多くの宗教が存在している。

　文化・言語・宗教の違う民族が共存している国を多民族・多文化国家と呼ぶ。例えばロシア・❽中国・❾ベルギー・スイス・シンガポール・マレーシア・❿カナダ・オーストラリア等である。この国の中には二つ以上の言語を公用語とし、少数派の自治権を認め、平和的に共存している所もある。

---

❽ **中国** 하나의 한족과 55개 소수민족으로 구성. 소수민족 중에 비교적 많은 수가 모여 살고 있는 지역에는 자치권을 인정하고 있다.

❾ **ベルギー** 네덜란드계의 북부인이 55%이고, 프랑스계(왈롱인) 남부인이 45%인 다민족 국가.

❿ **カナダ** 캐나다인의 다수가 백인이지만, 캐나다 원주민, 아시아계 캐나다인, 캐나다 흑인 등이 있어서 민족적으로는 다민족국가이다. 특히 퀘벡주에는 프랑스인이 80% 이상 거주하고 있다.

問1 南北問題と南南問題についての記述として正しいものを、次の①〜④のうちから一つ選べ。

① 南北問題は第二次世界大戦後、モノカルチャー経済から脱却できない開発途上国と先進国との経済格差をいう。

② 主に南半球に先進国が、北半球に発展途上国が位置するから南北問題と名付けられた。

③ 南南問題は、先進国の中でも債務が累積する国など、経済格差が要因になって生ずる諸問題をいう。

④ 資本主義を支持する先進国は北半球に位置し、社会主義を支持する発展途上国は南半球に位置しているから南北問題という。

問2 地域的経済統合に関連する記述として正しいものを、次の①〜④のうちから一つ選べ。

① 欧州連合条約(マーストリヒト)によって、EFTA(欧州自由貿易連合)がEC(欧州共同体)を吸収することになった。

② 日本は世界貿易機構(WTO)での交渉を中心にしているので、自由貿易協定(FTA)は進めていない。

③ 北米大陸のアメリカ・カナダ・メキシコの3カ国でNAFTA(北米自由貿易協定)を結び、3カ国間の投資や輸出を伸ばした。

④ 環太平洋経済協力(TPP)は、太平洋を囲む諸国間での経済の自由化を図る多国間協定で、オーストラリアの提唱で設立された。

정답 1. ① 2. ③

不平等の是正

　不平等の是正(アファーマティブ・アクション)は、弱者集団の不利な現状を是正するための改善措置のことで、民族や人種や出身などによる被差別集団の直接の優遇措置を指す。差別を解消するための機会不平等の是正策として、特定の民族あるいは階級に対して優遇措置を制度上採用している。

　このような制度を積極的に採用するアメリカ、インド、マレーシアや南アフリカ等の国々においては、政府機関の就職採用や大学への入学において、被差別人種に採用基準を下げたり、最低の人数枠を制度上固定する等の措置がとられている。しかし、逆差別ではないかとの批判も強い。

社会保障の歩み

　19世紀末、ドイツのビスマルク₁₈₁₅~₉₈によって❶世界初の社会保険制度が導入された後、第一次世界大戦後、生存権の思想により、社会保障が政治的な問題として考えられるようになった。イギリスで出された❷ベバリッジ報告₁₉₄₂の「ゆりかごから墓場まで」のスローガンにより、社会保障制度は急速に普及された。

---

　❶ 世界初の社会保険制度　ビスマルクに의해 '당근과 채찍'이라 불리며, 노동자 보호와 사회주의자 진압법에 의한 노동운동 탄압이 동시에 행해졌는데, 사회보장제도는 노동자 보호가 중심이었다.

　❷ 베바리지 報告　전국민에게 정부가 최저한도의 사회보장을 전생애에 걸쳐 책임을 지고 보장해야 한다는 내용.

日本の社会保障制度

　日本の社会保障制度は、社会保険、公的扶助、社会福祉、医療・公衆衛生の4つの柱から成り立っている。

　社会保険は、失業・疾病・負傷・業務上の災害等が発生したときに、また、老齢で退職した場合、予め積み立てておいた保険金から一定の給付を受け、それぞれの事情に応じて保障される制度であり、雇用保険・医療保険・労災保険・年金保険・介護保険がある。

　公的扶助は、生活が困難な国民に対し、国が最低限度の生活を保障するものであり、生活保護法に基づいて実施されており、全額公費でまかなわれる。

社会福祉は、社会生活を営む条件や能力のうえで、社会的保護や援助を必要とする児童・障碍者・高齢者等に対して、各種の保護法を制定し、施設やサービス等を提供する。

医療・公衆衛生は、国民の健康と、生活環境の整備・保全などを通じて公衆衛生を守る。

日本の年金制度

公的年金の財源調達方法には、保険料を積み立て、老後に利息とともに受け取る積立方式と、各年ごとに年金給付額に必要な財源を調達する賦課方式がある。積立方式はインフレに弱く、賦課方式は高齢化が進むと現役世代の負担が重くなるという欠点がある。日本はかつて積立方式を採用していたが、現在の基礎年金制度では、現役世代が高齢者を扶養する考え方の賦課方式が取られている。

地球環境問題への認識

環境問題が人々の間で認識されるようになったのは、農薬による環境汚染を警告した❸レイチェル・カーソン1907~64の著書『沈黙の春』が発表された1960年代に入ってからである。アメリカの経済学者ボールディングは、地球を一つの運命共同体とみて「❹宇宙船地球号」と表現し、地球資源の有限性を訴えた。❺ローマクラブが刊行した報告書『成長の限界』1972は、人口増加や環境問題に歯止めをかけない限り、100年以内に地球は破滅的な事態に陥ると警鐘を鳴らした。

---

❸ レイチェル・カーソン 환경운동의 어머니로 평가받는 생태학자. 살충제의 생태 영향에 관한 연구결과를 집대성한 책 『침묵의 봄』을 통해 전 세계인들의 환경문제에 대한 인식을 바꾸는 등 엄청난 영향을 미쳤다.

❹ 宇宙船地球号 지구를 우주선으로 보아, 그 유한성과 운명공동체적 측면을 강조하는 사고방식.

❺ ローマクラブ 1968년에 로마에서 첫모임을 가진 과학자・경제학자・교육자・경영자 등의 민간조직. 환경오염・인구증가 등의 인류생존의 위기에 대해 경고・조언하는 것을 목적으로 하고 있다.

地球環境問題

酸性雨は、化石燃料の使用により排出された硫黄酸化物や窒素酸化物により、強い酸性を帯びる。酸性雨は、国境を越えて広がり、森林を枯らし、水質を変化させ、生態系や人体に影響を与える。

海洋汚染の被害は、陸地からの汚染物の流入、廃棄物の投棄等により、赤潮等、海洋全体としての生態系が乱され、水産資源にも影響を与えている。

砂漠化も水の不足と共に大きな問題になっている。人口の増加によって過放牧や

過耕作が広がると、土地の保水力が弱まり、雨が降りにくくなるという人為的な要因と気候的な要因が相互に関連して、砂漠化地域はますます広がっている。

極地で見られるオゾンホールの原因はフロンで、オゾン層が破壊されると、皮膚ガンや白内障など、健康や生命を脅かす紫外線が地上へより多く到達するようになる。

地球温暖化は、大気中の二酸化炭素やメタン等の温室効果ガスの排出量増大が原因といわれている。地球温暖化は、極地の氷河を溶かし、海水面を上昇させ、生活面への影響が心配されている。

問1 各国の社会保障制度の歴史についての記述として正しいものを、次の①～④のうちから一つ選べ。

① イギリスでは、世界で初めて社会保険制度が設けられた。

② イギリスでは、「ゆりかごから墓場まで」をスローガンに社会保障制度が整備された。

③ ドイツでは、ビスマルクの「社会主義者鎮圧法」により労働者と労働運動が保護された。

④ ドイツではベバリッジ報告の「アメとムチ」を掲げ、社会保障制度が整備された。

問2 環境問題について述べた文として正しいものを、次の①～④のうちから一つ選べ。

① ローマクラブが刊行した『成長の限界』は地球資源の有限性を訴えた。

② ボールディングは、人口増加や環境問題の深刻性を主張した。

③ レイチェル・カーソンは『沈黙の春』において農薬による環境汚染を警告した。

④ 森林と湿地の保護のために京都議定書が採択された。

정답 1. ② 2. ③

公害の発生と環境保護への取り組み

　日本の公害問題が深刻化したのは、高度経済成長の頃である。とりわけ、熊本県の水俣病・三重県の四日市ぜんそく・富山県のイタイイタイ病・新潟県の水俣病は四大公害といわれ、1960年代に起こされた四大公害訴訟を通じてその被害の実態が明らかになった。

　公害を防止し、環境を保全しようとする世論の高まりを背景に、公害対策基本法[1967]が制定された。今日では公害を防止するために次のような原則が確立している。

　第一に、公害を発生させた企業が公害防止費用や被害の補償をすべきであるという汚染者負担の原則(PPP)である。第二に、公害発生者に過失がなくても被害者に対して損害賠償責任を負わせる無過失責任制である。第三に、地域開発が自然環境にどのような影響を及ぼすかを事前に予測・評価する環境影響評価(環境アセスメント)の実施である。

地球環境問題の解決への国際的な取り組み

　スウェーデンのストックホルムで開催された国連人間環境会議[1972]は、環境問題についての世界初の政府間会議であった。同会議は「かけがえのない地球」をスローガンに掲げ、人間環境宣言を採択し、国連環境計画[1972](UNEP)の設置を決定した。地球環境への国際的な取り組みとしては、湿地の保護のためのラムサール[1971]条約があり、絶滅の恐れのある野生動植物の国際取り引きを禁止するワシントン条約[1973]、野生生物の生息地域の開発を制限する生物多様性条約[1992]が採択された。また、有害廃棄物の国境を越える移動や処分の規制をするバーゼル条約[1992]が発効した。

　ブラジルのリオデジャネイロで開かれた国連環境開発会議[1992](地球サミット)では「持続可能な開発」を基本理念とした「リオ宣言」が採択された。地球環境の保護のため、国際的な取り決めをする国連気候変動枠組条約締約国会議(COP)は、第一回会議[1995]がドイツで開かれた。

エネルギー問題

　19世紀の産業革命の頃から、石炭、石油が主に用いられるようになり、20世紀に

は核燃料が登場した。1970年代に入り、再生可能エネルギーである太陽光エネルギー、水力、地熱、風力、波力、バイオマス(生物資源)等に着目するようになった。石油危機以降、エネルギー利用の効率化が進められ、ハイブリッドカーや電気車などの新しいシステムを導入することによる効率向上も進められている。

労働事情の変化と問題

第二次大戦後、日本では占領期の経済民主化の過程で、労働三法(労働基準法・労働組合法・労働関係調整法)が制定された。また、日本国憲法では、勤労する権利(勤労権)と労働三権(団結権・団体交渉権・団体行動権)が明記された。

日本の労使関係の特徴として、❶終身雇用制・❷年功序列型賃金・企業別組合などがあげられる。これらは日本的経営と呼ばれたが、経済のグローバル化やIT革命などの技術革新の進展により、企業間競争が激しくなる中、日本的経営も変化を迫られた。

1990年代初め、バブル経済が崩壊して深刻な不況になると、企業が競ってリストラ(事業の再構築)を進め、激しい雇用調整が行われた。また、労働者の年齢構成が高齢化したために労働コストも上昇し、終身雇用制と年功序列型賃金体系を維持できない企業が増えた。

---

❶ 終身雇用制 기업이 종업원을 정년까지 고용하는 제도.

❷ 年功序列型賃金体系 근속연수에 따라 임금이나 사내의 지위가 올라가는 제도.

消費者権利と消費者保護

本来、生産される物の種類や数量を決定するのは、最終的には消費者である。このような考え方を消費者主権と呼んでいる。しかし、消費者と企業の間には、情報の格差があるため、消費者は不利な立場に置かれがちである。そのため、消費者の権利を保護することが課題となった。そこで、アメリカでは1960年代に消費者運動が高まり、ケネディ大統領によって、「消費者の四つの権利(安全の権利・知らされる権利・選ぶ権利・意見が反映される権利)」が提唱され、世界の消費者主権の動きに大きな影響を与えた。

日本でも製造物責任法(PL法)$_{1994}$が制定され、消費者は、購入した製品の欠陥を証明すれば、損害賠償を受けられるようになり、欠陥商品に対しては企業が回収・無償修理するリコール制度も整備されつつある。

生命科学と倫理

　技術の発達により、遺伝子を操作し、クローンを作ったりすることも行われているが、日本を含め欧米諸国の中にはヒトクローンの作成を禁止している国もある。近年、人の尊厳や人権に関わるような生命倫理(バイオエシックス)上の問題が数多く出てきた。例えば、人工生殖技術・遺伝子操作・臓器移植・尊厳死・安楽死等である。

　日本では、臓器移植法$_{1997}$によって脳死が認められ、以後の改正$_{2009}$によって家族の承諾だけでも臓器移植ができるようになった。尊厳死は意識のあるうちに、延命治療を拒否しておく必要がある。しかし、意識不明の重体患者や幼児、知的・精神的に障害のある人の場合は、どのようにして意思を確認し、人権を保障するか等の問題がある。安楽死は、日本では法的に認めていない。

　患者の「知る権利」が保障されることによって、医者は患者に対し、診察や治療の情報を十分に説明し患者の同意(インフォームド・コンセント)を得ることが重視されるようになった。

問 1 日本の公害問題が深刻になったのは、高度経済成長の頃からである。公害を防止し、環境を保全するための原則についての記述として適当でないものを、次の①～④のうちから一つ選べ。

① 公害を発生させた企業は、被害者に全ての補償をすべきであるというのが汚染者負担の原則(PPP)である。

② 地域開発が自然環境に与える影響を事前に評価する環境影響評価(環境アセスメント)が実施されている。

③ 公害発生者に過失がない限り、被害者に対して責任を負う義務はないというのが無過失責任制である。

④ 公害を発生させた企業は、過失がなくても被害者に対して損害賠償責任を負うべきである。

問 2 地球環境問題に対する国際社会の取組みについて述べた文として正しいものを、次の①～④のうちから一つ選べ。

① 国連人間環境会議では、先進国による温室効果ガスの削減目標値が決められた。

② 国連人間環境会議の人間環境宣言を採択し、環境保護を目的として国連環境計画(UNEP)が設立された。

③ 国連環境開発会議(地球サミット)では、オゾン層の保護を目的とするモントリオール議定書が採択された。

④ 国連環境開発会議の決議を受けて、先進国による温室効果ガスの排出量取引が開始された。

정답 1. ③ 2. ②

地理

종합과목에서 출제되는 지리 문제는 지구의와 지도, 거리와 방위, 공중사진과 위성화상, 표준시와 시차, 지리정보, 기후, 지형, 식생, 세계의 생활·문화·종교, 자원과 산업, 교통, 일본의 국토와 환경 등이다.

地球儀と世界地図

　地球儀は、地球の模型で地球の姿を正確に捉えることができる点で優れている。しかし、地図は様々な歪みが生じるので、使用目的に合った図法を選ぶことが大切である。面積を正しく表わしたものは正積図、方位が正しいものは正方位図、距離が正しいものは正距図、角度が正しいものは正角図である。

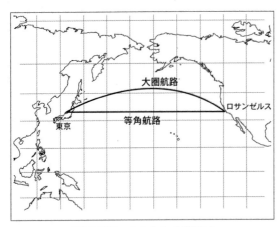

＜正角図法(メルカトル図法)＞

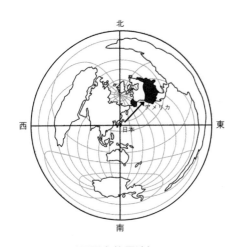

＜正距方位図法＞

　正角図法は、16世紀後半に、オランダのメルカトルが考案し、この図法はメルカトル図法とも呼ばれる。この図法は、高緯度ほど距離と面積が拡大し、緯度60度では、赤道に対する緯度・経度の比がそれぞれ2倍になり、面積は4倍となる。

　赤道上と経線方向以外の大圏航路は、曲線となり両地点間の最短経路となる。メルカトル図法は、任意の2点間を結ぶ直線は等角航路になり、この航路に進むと確実に目的地に到達できる、航海に敵した地図である。

　正距方位図法は、任意の中心点からの方位が正しく表される図法である。中心点と任意の地点間の最短距離(大圏航路)が直線で表され、航空図に使われている。この地図の外周円は対蹠点を示す。

緯度と経度

　緯度と経度は、球面上の位置を示すための座標である。緯度は南北、経度は東西の位置関係を表している。緯度０度は赤道であり、経度180度は日付変更線で、太平洋の上に大陸を避けて折れ曲がっている。この日付変更線の西側から１日が始まる(日付変更線の西から順に時刻が進んでいく)ので、１月１日を最初に迎えるのは日付変更線のすぐ西側、最後に迎えるのはすぐ東側の地域ということになる。

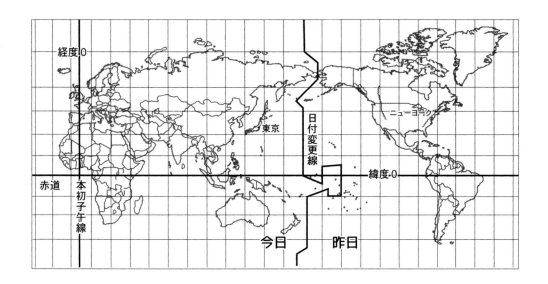

時刻

　地球は、一日(24時間)かけて一回転(360度)するので、経度15度で１時間の時差が生じることになる。イギリスの経度０度にあるロンドンのグリニッジ天文台を通過する本初子午線を基準にした時刻を標準時(GMT)といい、世界各地の標準時は、これを基準に設定されている。各国は子午線をもうけて、標準時と定めている。日本の子午線は兵庫県明石市の東経135度にあり、世界標準時に９時間を足した時刻が日本の標準時となる。

サマータイム

中緯度から高緯度にかける地域では、夏の間は昼間の時間が長くなる。その時間を有効に利用するために時計を１時間進める(９時→10時)●サマータイムという制度を行っている。この制度は、イギリスで提案₁₉₀₈された以降、緯度が高く夏の日照時間が長いヨーロッパやアメリカを中心に、約70ヵ国で実施されており、省エネルギー効果も期待される。

---

❶サマータイム　日本では1948年から実施された事があるが, 4年間だけで廃止された.

河川・海岸

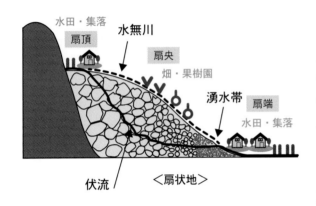

＜扇状地＞

地表に降る雨の一部は、河川として地表を流れる。河川の流れによって土砂の堆積でできた沖積平野は、谷口から河口に向かって扇状地・氾濫原・三角州(デルタ)の三つに区分される。

扇状地は、山地と接する上流部の扇頂、中央部の扇央、端末部の扇端がある。扇央は地表で水を得にくいので、畑や果樹園等に利用され、扇端では伏流水が地表に湧出することが多く、水田や集落が見られる。

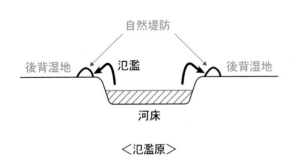

＜氾濫原＞

氾濫原は、洪水時に流路から溢れた水が土砂を堆積させてつくった地形で、洪水時に土砂が多く堆積されるので、自然堤防ができる。自然堤防には畑・集落・道路が作られる。

三角州(デルタ)は、河川が河口に近づくと、運搬力を失うため、砂や泥が堆積してできる。ナイル川やミシシッピ川等の大河は、河口に巨大な三角州を形成している。三角州は、土壌が肥沃で、網目のような水路は水運としても利用できる。

海岸の地形は、スペイン北西部のように、山地が広範囲に沈水してできた鋸歯状の海岸線のリアス海岸と、ノルウェー西海岸のように、かつて氷河が形成したU字谷に、海水が侵入して、細長い湾や入江ができるフィヨルド海岸等がある。

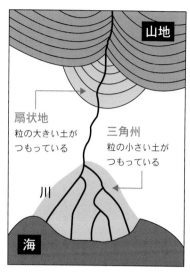

<三角州(デルタ)>

問1 下の地図中の範囲Ⅰ~Ⅲは、この図面上では面積が等しくなっている。範囲Ⅰ~Ⅲの実際の面積について正しく述べているものはどれか、次の①~④のうちから一つ選べ。

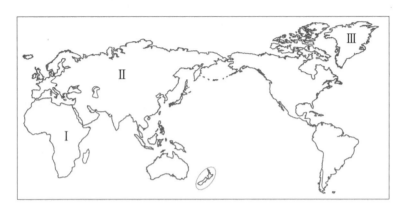

① 実際の面積は、範囲Ⅰが最も大きい。

② 実際の面積は、範囲Ⅱが最も大きい。

③ 実際の面積は、範囲Ⅲが最も大きい。

④ 実際の面積は、いずれも等しい。

問2 下の地図は、日本の東京を中心にした略地図である。東京から真東に進むと、最初にたどりつく大陸はどれか、次の①~④のうちから一つ選べ。

① 北アメリカ大陸

② 南アメリカ大陸

③ ユーラシア大陸

④ オーストラリア大陸

31DAY

> 造山帯
> ケッペンの気候分類
> 気候の成立

造山帯

　造山運動によって生じた地域を造山帯と呼び、地質時代区分により、新期造山帯、古期造山帯、安定陸塊の三つに分けられる。

　新期造山帯は、地球上で最も新しい造山帯であり、その付近では地震や火山噴火が頻発しており、アルプス・ヒマラヤ造山帯と環太平洋造山帯がある。新期造山帯は銅、銀、錫、亜鉛等の非鉄金属と石油が産出されることが多い。

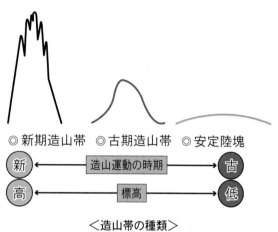

<造山帯の種類>

　古期造山帯は、アメリカのアパラチアやロシアのウラル等の山脈のように低くなだらかな地域であり、良質の石炭が多く産出される。

　安定陸塊は、東ヨーロッパ平原やアメリカの中央平原等のように、広い範囲が侵食され続けて平坦になったところである。

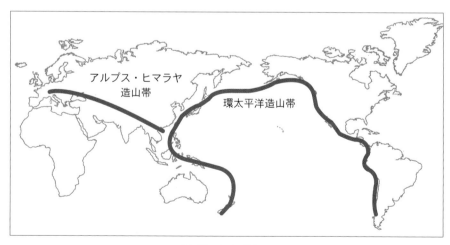

<新期造山帯>

気候の成立

気候は、気温・降水・風等の気候要素によって説明され、緯度・高度・海流・地形等の気候因子によって地域差が生じる。

① 気温

太陽エネルギーを多く受ける低緯度ほど気温は高くなるが、気温は緯度のほかにも海抜高度、海からの距離等の影響を受けている。

② 風

風は気圧が高いところから低いところに向かって吹く。従って、赤道付近では上昇気流が発生し熱帯収束帯ができ、貿易風が吹き込む。地球の自転の影響により、緯度20〜30度付近では下降気流が発生し、亜熱帯高圧帯ができ、ここから高緯度に向かって偏西風、低緯度に向かって貿易風が吹く。

③ 海流の気候への影響

海流は、北半球では時計回り、南半球では反時計回りに流れることが多い。ヨーロッパは、北大西洋暖流の影響で、高緯度のわりに温暖な西岸海洋性気候となっている。日本の沿岸やアラスカ南部沿岸も暖流のアラスカ海流の影響を受けて周囲より海面水温が高い。

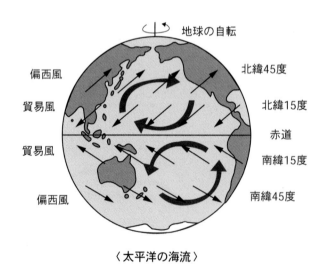

〈太平洋の海流〉

④ 降水量

年降水量は、気圧帯の位置に関係している。高圧帯では下降気流により降水が少ないのに対し、低圧帯では上昇気流により水蒸気が凝結して降水が多くなる。降水量は季節変化や年変化が大きい。

⑤ 季節風(モンスーン)

冬は大陸から海洋へ、夏は海洋から大陸へ吹く風をモンスーンというが、モンスーンは、夏に東アジアから南アジアにかけて、多量の降水をもたらす。

ケッペンの気候分類

ドイツの気候学者ケッペン[1846~1940]は、植生が気候に強く影響されるという観点から、植生分布を基礎に気候分類を行った。植生とは、ある地域を覆っている植物の集まりのことをいう。世界の植生は気温や降水量の影響を受けて、地域ごとに少しずつ変化している。気温と降水量を用いて気候を区分したケッペンの気候帯と植生分布は似ている。

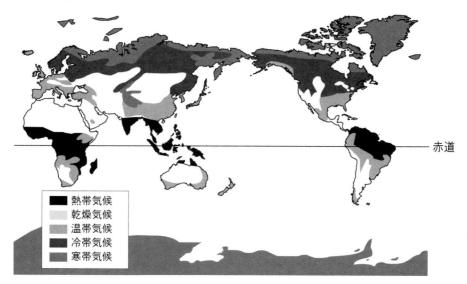

＜ケッペンの気候地図＞

熱帯	熱帯雨林気候(Af)	年中高温多雨。熱帯雨林の密林
	熱帯モンスーン気候(Am)	弱い乾季ある
	サバナ気候(Aw)	年中高温、雨季と乾季
乾燥帯	ステップ気候(BS)	降水不十分で、ステップの短草草原
	砂漠気候(BW)	降水少なく、植物育たない
温帯	地中海性気候(Cs)	温暖で夏に高温乾燥、冬に降水
	温暖冬季小雨気候(Cw)	温暖で冬乾燥し、夏に降水
	温暖湿潤気候(Cfa)	夏に高温湿潤、冬は寒冷乾燥
	西岸海洋性気候(Cfb)	年中適度の降水、夏冷涼、冬暖かい
冷帯	冷帯湿潤気候(Df)	年中降水多く湿潤、夏高温
	冷帯冬季小雨気候(Dw)	冬降水少なく、夏高温多湿
寒帯	ツンドラ気候(ET)	夏凍土が融け、冬氷雪が覆う
	氷雪気候(EF)	年中氷雪が覆う

問 1　世界の山脈は古期造山帯と新期造山帯に大別される。それぞれの特徴について記述した文として誤っているものを、次の①～④のうちから一つ選べ。

① 古期造山帯にアメリカのアパラチアやロシアのウラルなどの山脈がある。

② 新期造山帯では地震や火山噴火が頻発している。

③ 古期造山帯は低くなだらかな地域で、良質の石炭が多く産出される。

④ 新期造山帯は広い範囲が侵食され続けて平坦になったところである。

問 2　ケッペンの気候区分の中で地中海性気候について述べた文として正しいものを、次の①～④のうちから一つ選べ。

① 一年を通して降水量が少なく、植物はほとんど見られない。

② 夏季は冬季と比べ降水量が少なく、乾燥に強いオリーブやぶどうの栽培地が見られる。

③ 一年を通して高温多雨であり、油やしや天然ゴムなどのプランテーションが見られる。

④ 冬季は気温が、–30℃を下回る日もあり、タイガと呼ばれる針葉樹林が広がる。

32 DAY

雨温図とハイサーグラフ

雨温図は、横軸に月をとり、縦軸の左右に気温と降水量をとる。月平均気温を折れ線グラフ、月降水量を棒グラフで図示するため、季節的な特徴等を理解しやすい。

ハイサーグラフは、月ごとに気温と降水量の相関値を点で示し、1月から順に結んで表す。ハイサーグラフは、各地の気候状況をグラフの形状から比較することができる。

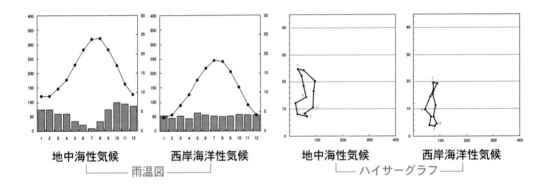

農業の発達

農業は、気候・地形と水・土壌等の自然条件の他に、社会条件と宗教も農業の形態に影響を与える大きな要因である。❶イスラム教では豚肉を食べることが禁忌とされたり、❷ヒンドゥー教では牛肉は食べないこと等がその例である。

産業革命は、農業に大きな影響を与えた。都市が発達し、都市住民の食料や工業原料として農産物の需要が増大した。また、交通の発達によって農産物が広く流通されるようになり、販売を目的とした商業的農業が広まった。20世紀に入ると、社会の産業化と連動し、企業的・合理的に農業経営を行う企業的農業が発展した。

---

❶ **イスラム教** 7세기 초 아랍의 예언자 마호메트가 창시한 종교로, 성지는 메카이며 무슬림은 아시아·아프리카·유럽 등지에 널리 분포되어 있다.

❷ **ヒンドゥー教** 고대 인도의 외래 종족인 브라만교가 인도의 토착 민간신앙과 융합되어 생긴 민족종교이다. 힌두교에는 특정한 창시자나 경전, 교단조직이 없고 다양한 신화나 전설, 의식이나 관행을 망라하고 있으며, 사회적으로는 카스트제도와 더불어 인도사회를 지탱하는 2대 지주를 이루고 있다.

農業

① 自給的農牧業

遊牧は、中央アジアから北アフリカ、西アジアの乾燥地域と寒冷地域
で行われ、家畜とともに草と水を求めて広い地域を移動する。

焼畑は、東南アジア、アフリカ中部・南部、アマゾン川流域等で森林や草原に火
を入れてその灰を肥料として農業をいとなむ。

集約的稲作農業は、モンスーン(季節風)地域であるアジアや東南アジア、南アジ
ア等で見られる。土地生産性が高く、多くの人々を養うことができる。

アジア式畑作農業は、東アジアから南アジアの水田稲作を行いにくい地域で行わ
れる労働集約的な農業である。

② 商業的農業

地中海式農業は、地中海性気候の地域でみられる。乾燥に強いオリーブやブド
ウ、オレンジ等の樹木作物を栽培しており、降水のある冬季には小麦を栽培してい
る。

混合農業は、ドイツやフランスの中部ヨーロッパに見られる。食料作物と飼料作
物を輪作し、牛や豚、羊の家畜を放牧地や畜舎で飼育する。

酪農は、飼料作物や酪農製品を生産する。牛は牧草で飼育できるため草地を畜産
に利用している。スイスでは、移牧による山岳酪農も見られる。

園芸農業は、主として都市周辺で集約的な栽培を行い、オランダのチューリップ
は世界中に出荷している。

③ 企業的農牧業

プランテーション農業は、16世紀頃から資本力をもった人々が植民地に進出し
て、広大な農場でコーヒー・カカオ・綿花・サトウキビ・天然ゴム等のモノカル
チャー栽培を始めたのがその起源である。

企業的穀物農業は、広大な耕地で大型の収穫機を使い大規模に生産する。小麦
の総輸出量はアメリカとカナダ、フランス、オーストラリアで世界の半分近くを占
め、トウモロコシはアメリカとアルゼンチンで半分以上を占めている。

企業的放牧業は、広大な牧草地や放牧地等を備えた牧場で、肉牛や羊の飼育を大
規模に行われる。アメリカのロッキー山脈の地域、アルゼンチンの乾燥パンパ、ニ
ュージーランド、南アフリカ等で行われている。

林業

　世界には陸地の約30％を占める森林が分布する。世界の木材生産量は、インドやアメリカ、中国などで多い。第二次世界大戦後、熱帯林の減少が進んだ東南アジアでは、木材の輸出を規制し、森林資源の保全や国内の木材加工産業の振興を図る国が現れた。

水産業

　浅海はプランクトンの量が多く、魚類の産卵地としても恵まれているため、大陸棚やバンクの海域は好漁場となる。多くの国々では、200海里までの排他的経済水域(EEZ)を設けて水産資源を保護し、外国漁船の漁業活動を制限するようになった。

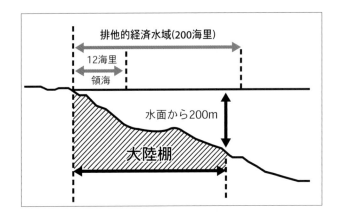

発展途上国の食料事情

　国連食糧農業機関(FAO)によれば、現在、食糧は世界の人々に平等に分配できるそうである。なのに飢餓に悩む国が多いのは、食料生産力の差があるためである。発展途上国の多くは、人口増加による食料不足と自然災害による食料生産量の低下、それから不安定な政情のために、食料供給が難しい。

　アフリカでは、植民地時代からのプランテーションが独立後も維持されているので、有効な食料増産への取り組みは遅れがちである。一方で、途上国の食料問題を解決するために、生産された農産物を適正な価格で購入する、❸フェアトレードの運動が進められている。

---

❸ フェアトレード　다국적기업 등이 자유무역을 통해 이윤을 극대화하는 과정에서 적정한 생산이윤을 보장받지 못한 채 빈곤에 시달리는 개발도상국의 생산자와 노동자를 보호하려는 목적에서 생긴 대안적 형태의 무역이라 할 수 있다.

問1 次のグラフの中で地中海性気候を示したものを、次の①〜④のうちから一つ選べ。

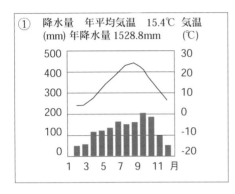

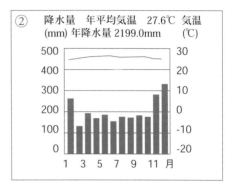

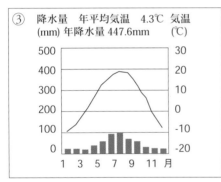

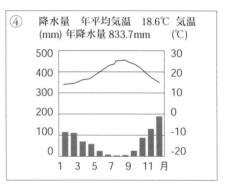

問2 農牧業についての記述のなかで適当な文として正しいものを、次の①〜④のうちから一つ選べ。

① スイスでは、移牧による山岳酪農が見られる。

② 園芸農業は、主として農村周辺で集約的に栽培が行われる。

③ 混合農業は、イタリアやギリシャの南部ヨーロッパで見られる。

④ アフリカ北部での焼畑農業によって、砂漠が広めつつある。

정답 1. ④ 2. ①

33 DAY

- ▶ 資源・エネルギーの利用
- ▶ 鉱産資源の生産と消費
- ▶ 産業構造の高度化
- ▶ BRICsの工業化とその他の国々
- ▶ 石油代替燃料の開発と課題
- ▶ 工業の発達と立地
- ▶ 製造業の多国籍化と多国籍企業
- ▶ 新興工業国の台頭

資源・エネルギーの利用

産業革命以降から、大量消費されてきた石炭に代って、1960年代後半から石油の使用量が急増するエネルギー革命が起こった。近年は天然ガスの消費が増えると同時に、埋蔵量が多い石炭の利用も緩やかに増加している。天然ガスは石油や石炭より熱量が大きく、燃焼による汚染物質もほとんど出さないため、クリーンなエネルギーとして重要視されている。

石油代替燃料の開発と課題

世界各国は限られている石油に代る新しい燃料の開発に乗り出している。今日では、オイルシェールやオイルサンドが石油代替資源として注目されている。オイルシェールはアメリカ、オイルサンドはカナダとベネズエラの埋蔵量が多い。また、原子力エネルギーは、二酸化炭素を直接出さないエネルギーとして脚光を浴びたが、安全性の技術的解決が、原子力発電の根本的な課題になっている。

鉱産資源の生産と消費

金属資源には、鉄鉱石・銅鉱・ボーキサイト・鉛・亜鉛等がある。鉄鉱石は、中国・ブラジル・オーストラリアの産出が多い。銅鉱は、電気関連産業等に利用され、埋蔵・産出・輸出ともチリが世界一位である。

ニッケルやクロム、コバルト、タングステン、❶レアアース(希土類)等は、半導体や特殊合金の材料となり、先端技術産業には欠かせない。これらは、地球上にもともと埋蔵量が少ない金属や、量はあっても技術面や費用面から純粋なものを取り出すことが難しい金属であることから、❷レアメタル(希少金属)と呼ばれている。携帯電話やハイブリッド車、薄型テレビの生産増加により、レアメタルの需要はますます高まっている。ところが、アフリカ南部やロシア、中国等に分布が限られ、その安定確保が各国の重要な課題となっている。廃棄された携帯電話やパソコン等の製品からは多くの資源が回収できるので、これらの廃棄物を一つの鉱山と見なして都市鉱山と呼ぶことがある。

❶ レアアース(希土類) 희토류는 화학적으로 매우 안정되고 열을 잘 전도하는 특징이 있으며, 탁월한 화학적・전기적・자성적・발광적 성질을 갖는다. 희토류는 전기 및 하이브리드 자동차, 풍력발전, 태양열 발전 등 21세기 저탄소 녹색성장에 필수적인 영구자석 제작에 꼭 필요한 물질이다

❷ レアメタル(希少金属) 천연의 존재량이 적거나 얻기 힘든 금속을 말하며, 기술개발의 소재로서 주목받고 있다.

工業の発達と立地

工業の発展は、雇用の機会が増えると共に、所得が高くなって国民の生活を豊かにする。

19世紀後半には電力利用が普及し、20世紀前半には❸フォードシステムと呼ばれる大量生産方式が確立して、20世紀後半に工業は飛躍的に発展した。第二次世界大戦後は、先進国を中心にコンピュータや産業用ロボット等の導入を始め、各種の技術革新(イノベーション)が進んだ。近年では、最先端の技術を用いて工業製品を生産する先端技術産業(ハイテク産業)が急速に成長している。

企業は、原料産地と市場の位置関係を考え、輸送費や労働費等の生産にかかる費用が最も節約できる場所に工場を立地しようとする。このような立地に関しての法則性を最初に考えたのが、ドイツの経済学者❹ウェーバーの工業立地論である。しかし、交通条件の改善により、工業の立地は時代とともに変化する。さらに、国際的な交通網の構築と交通機関の発達は、輸送費の低下をもたらし、労働費の安価な海外への工場移転をうながした。

❸ フォードシステム 미국의 포드자동차 회사에서 했던 방식으로, 생산을 표준화해 분업과 컨베이어 채용에 의한 이동조립생산방식을 채용해 대량생산을 했던 생산양식을 말한다.

❹ ウェーバーの工業立地論 공업은 생산비가 가장 저렴한 장소에 입지하며, 수송비와 노동비가 가장 중요한 요인이라는 이론이다.

産業構造の高度化

イギリスの経済学者のペティ・クラークは、経済が発展するにつれて、労働人口や経済活動の中心が第1次産業から第2次産業へ、さらに第3次産業へ移行すると説いた。第1次産業は、農業・牧畜業・水産業・林業等の直接自然に働きかけて収穫する産業である。第2次産業は鉱業および製造業・建設業等の原材料の加工業である。第3次産業は、第1次・第2次産業以外の交通・通信・商業・金融・保険等のサービス産業である。

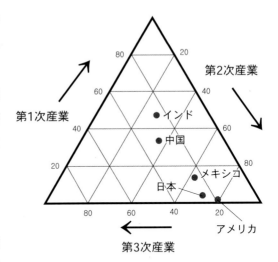

製造業の多国籍化と多国籍企業

グローバル時代である現代では、ある製品がどこの国でつくられたかが分かりにくくなっている。こういった新しい国際分業は多くの多国籍企業を生み出した。

製造業で多国籍化が急速に進んだ第一の理由は、為替レートの影響や相手国との間での貿易摩擦等を現地生産を通して解決できているためである。第二の理由は発展途上国との賃金格差である。先進国の企業は、新製品の開発は本国で行っても、製品の規格標準化が進むと、賃金の安い発展途上国へ製造を移して利益の向上を図ることができるためである。

20世紀に入ると、アメリカは大量生産体制を確立し、多くの工業部門で世界の首位に立った。今日ではサービス業に経済の主体が移りつつあるが、航空宇宙産業等の先端技術産業を中心に国際的な競争力を有している。

売上高が一国のGNI(国民総所得)に匹敵するほどの多国籍企業は、本社には付加価値の高い部品の製造や、新技術の開発を目的とした資本や人材を集中させ、付加価値の低い部品の製作や組み立ては労働力の安価なアジア諸国に設立した子会社にまかせている。

BRICsの工業化とその他の国々

　近年では、経済の自由化を推進してきたBRICsと呼ばれるブラジル・ロシア・インド・中国の工業化が注目されている。

　ブラジルでは、自由貿易区が設けられ外国企業の進出が多くなっている。ロシアでは、21世紀になって豊富な鉱山資源を利用した工業を中心に復調しつつある。インドでは、1990年代前半に市場経済に転換された結果、外国企業の進出が増加し、IT産業や自動車工業等の成長が著しい。中国は、多くの工業部門で世界一の割合を占め、世界の工場と呼ばれている。

新興工業国の台頭

　日本を除くアジア諸国は、第二次世界大戦後は各国とも工業化に向けて動き始めた。その中でも、❺アジアNIEsと呼ばれる国々は、豊富な労働力と比較的安い賃金水準を利用して、積極的な産業育成と輸出の拡大に取り組むことで工業化を実現した。

　アジアNIEsに続いて、ASEAN諸国でも輸出志向型の工業化が進められた。❻ASEAN(東南アジア諸国連合)は、東南アジア10ヵ国の経済・社会・政治・安全保障・文化に関する地域協力機構である。

---

❺ アジアNIEs　한국, 싱가폴, 홍콩, 대만을 말한다.

❻ ASEAN(東南アジア諸国連合)　동남아지역의 공동안보 및 자주독립 노선의 필요성 인식에 따른 지역협력 가능성을 모색하기 위해 창설된 지역협력기구. 인도네시아 · 말레이시아 · 필리핀 · 싱가포르 · 태국 5개국이 서명하면서 창설되었다.

問1 ドイツの経済学者ウェーバーの工業立地論についての記述の中で誤っているものを、次の①〜④のうちから一つ選べ。

① 企業は、労働費や国の政策などを考慮し、費用が最も節約できる場所に工場を立地しようとする。

② ウェーバーは、企業の工場立地に関しての法則性を最初に考えた。

③ ウェーバーの工業立地論は、交通機関の発達によって時代とともに変化している。

④ 国際的な交通網の構築は、労働費の安価な海外への工場移転を促した。

問2 産業構造の高度化についての記述の中で誤っているものを、次の①〜④のうちから一つ選べ。

① 第一次産業は、直接自然に働きかけて収穫する産業である。

② 第二次産業は、鉱業および製造業などの原材料の加工業である。

③ ペティ・クラークは、経済が発展するにつれて、経済活動の中心が第三次産業から第一次産業へと移行すると説いた。

④ 第三次産業は、交通・金融などのサービス産業である。

34DAY

- 都市の発達
- 世界の人口問題
- 日本の事情(地形・気候・海岸・海流)
- 世界の人口分布
- 交通

QR코드로 해석 보기

都市の発達

　都市は商工業活動に基づいて成立しているので、一般に先進国で発達している。ヨーロッパなどでは大都市と都市人口率の高い地域とが一致しているが、アジアでは一般的に都市人口率が低い国に大都市が多い。アフリカは大都市が少なく、都市人口率が低いが、オーストラリアは大都市が少ないにもかかわらず、都市人口率が高い。南アメリカや西アジアでも都市人口率が高い。世界各地で出現した大都市は、発展途上国で著しい。

　エルサレムはユダヤ教・キリスト教・イスラームの聖地として宗教都市であり、ブラジリアやキャンベラは首都機能を集める目的で建設された政治都市である。フランクフルトやニューヨークは商業・金融都市として知られている。

世界の人口分布

　人間が日常的に居住している地域をエクメーネ、居住していない地域をアネクメーネと呼ばれる。人間の移動・拡散、未開拓地の開拓によって、エクメーネは拡大されてきた。

　しかし、産業革命以降、商工業や交通・通信の発達により、食料生産の自然条件に恵まれない地域も、他の産業で得た利益によって食料を調達できるようになり、人口を増大させた。

　人口の増加には、出生数と死亡数の差によって起きる自然増加と、大都市への人口移動や、国境を越えた人口移動によって生じる社会増加とがある。先進国と発展途上国は、人口の増加傾向や年齢構成の点で異なっている。

世界の人口問題

　発展途上国では、出生率が高いまま死亡率が下がったため、人口が著しく増加した。そのため、経済の発展が人口増加に追い付かず、食料不足や生活環境の悪化等の問題が生じている。中国の❶一人っ子政策₁₉₇₈₋₂₀₁₄のように、政府による強力な施策によって出生率が大幅に低下した国もある。

　先進国では、少子高齢化が進んでいる。老年人口率が7％を越えた社会を高齢化

社会、14％を越えた社会を高齢社会、21％を越えた社会を超高齢社会とよぶ。少子化が同時に進行すると、老年人口率が急上昇し、社会保障制度を維持するために、生産年齢人口の負担が重くなり、さらに労働力の不足も深刻化される。

❶ 一人っ子政策 中国で人口の自然増加率を억제할 목적으로, 자녀를 1명만 낳게 한 정책. 2014년에 폐지했다.

交通

　航空交通は、長距離移動の主役であるが地域差が著しい。先進国の大都市は、航空交通によって密接に結びついているが、発展途上国の多くは航空交通網から取り残されている。水上交通は、速度の点で他の交通機関に劣るものの、重い貨物や容積の大きい貨物を低運賃で遠くまで運ぶには、重要な交通機関である。

　陸上交通は、20世紀半ばごろから❷モータリゼーションによって鉄道の地位は低下し、道路交通が陸上交通の主役となった。しかし、日本では、依然として高速鉄道は重要な役割を果たしている。自動車は、ドアからドアまで自在に移動できるという点で、輸送には優れている。

❷ モータリゼーション 자동차가 보급되어, 생활 속에서 광범위하게 이용하게 된 현상.

日本の事情

1) 日本列島の地形

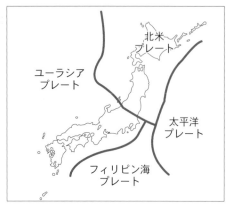

　日本列島は、大陸プレート(ユーラシアプレートと北アメリカプレート)の下に海洋プレート(太平洋プレートとフィリピン海プレート)が潜り込み、狭まる境界に位置する。

　日本列島の中部には、本州の中央部を南北に連なる大地溝帯であるフォッサマグナがあり、東西に分ける断層線である中央構造線がある。

　また、温暖湿潤気候で降水量が多い日本では、河川の侵食や堆積作用が活発である。そのため、日本列島には急な山地や、扇状地・氾濫原・三角州からなる沖積平野が多い。本州の中央部は、隆起運動によってできた標高3000m前後の高い山々が連なり、日本アル

プスと呼ばれる。

2) 日本の気候

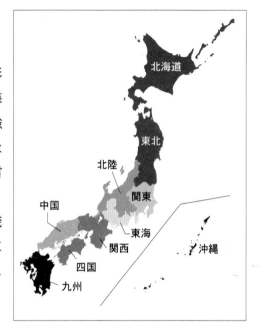

　日本の気候は、季節風(モンスーン)の影響により四季がはっきりしていて、日本海(韓国の東海)側には、冬に北西季節風が強く吹いて、多くの雪を降らせるのが大きな特徴である。中でも北陸地方はもっとも雪が多く、冬は寒いが、夏には高温となる。

　フィリピン近海の海水温の高い海域で発生する台風は、主に8〜10月上旬に日本に接近・上陸し、高潮を引き起したりすることもある。

3) 日本の海岸・海流

　日本の海岸は沈水海岸の❸リアス式海岸である。海岸線が長く複雑なリアス式海岸は、水深が深いため良港にはなるが、平地が狭いため、大きな貿易港等は発達しにくい。

　日本列島の太平洋岸沖を北上する海流は、黒潮(くろしお)と呼ばれる暖流である。黒潮から九州沖で分かれて日本海に入る暖流は対馬海流(つしま)という。千島列島から太平洋岸を南下する海流は、親潮(おやしお)(千島海流ともいう)と呼ばれる寒流である。

　海岸から緩やかに傾斜して棚のようになっている200mまでの海底を大陸棚というが、好漁場であるほか、海底資源でも注目されている。

---

❸ **リアス式海岸** 침식곡이 많은 해안 부근의 대지나 구릉 또는 산지가 침강(沈降)에 의해 해면 밑으로 가라앉아 복잡한 해안선을 이루고 있는 지형으로, 스페인의 대서양 연안에 발달했으며, 파도가 일면 내부에 높은 수위가 집중되기 때문에 큰 피해를 입기 쉽다.

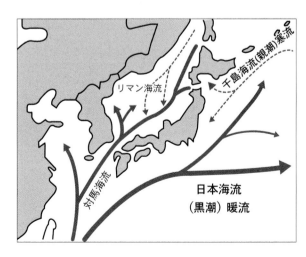

확인문제

問1 日本列島の地形についての記述として誤っているものを、次の①〜④のうちから一つ選べ。

① 日本列島にかけている大陸プレートは北アメリカプレートとユーラシアプレートである。

② 日本は、温暖湿潤気候で降水量が多く、河川の侵食や堆積作用が活発である。

③ 日本列島の中部には本州の中央部を南北に連なる断層線である中央構造線がある。

④ 本州の中央部は、標高3000m前後の高い山々が連なり、日本アルプスと呼ばれる。

問2 日本の海流と海岸について述べた文として正しいものを、次の①〜④のうちから一つ選べ。

① 日本の海岸はリアス式海岸はあるが、フィヨルド式海岸はない。

② 日本列島の太平洋岸沖を北上する親潮は暖流である。

③ 千島列島から太平洋岸を南下する黒潮は寒流である。

④ 海岸から120mまでの海底を大陸棚という。

35DAY

日本の産業

1) 農業・林業・水産業

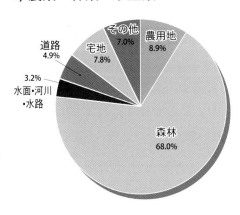

　　国土の10％にも達していない日本の農地面積の減少は著しい。高度経済成長を経て、日本人の食生活は食の多様化により大きく変化した。米の消費量は減少し、自国の農業を保護する目的から農産物の輸入を制限したが、1980年代にアメリカからの輸入自由化に押し流され、80％を越えていた日本の食料自給率は低下し、主要先進国の中で最も低い値を示している。

　国土の約70％は森林だが、海外から安価な木材が輸入されるようになり、日本の林業は衰退した。

　日本周辺の北西太平洋漁場は広大な大陸棚やバンクに恵まれ、暖流の日本海流(黒潮)と寒流の千島海流(親潮)がぶつかる好漁場である。1970年代以後、石油危機による燃料の高騰や、ほとんどの国が❶200海里漁業専管水域を設定したことで、日本の遠洋漁業は衰退し、沖合漁場が拡大した。その分、輸入が増加し、現在は世界最大の水産物輸入国となっている。

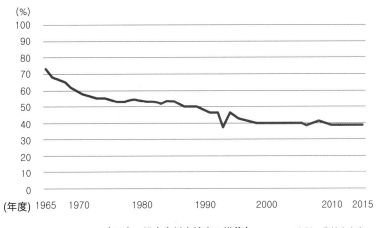

〈 日本の総合食料自給率の推移 〉　　出所：農林水産省

2) 工業

　1950年代末からの❷高度経済成長期には、鉄鋼・石油化学等の重化学工業が発達し、輸出も増加した。70年代の石油危機を機に、機械工業が基幹産業となり、重厚長大型から軽薄短小型へと転換した。一方で、急増した輸出で、アメリカとの間で貿易摩擦が起き、日本は生産拠点を海外に移し始めた。日本企業の海外進出に伴い、日本国内では産業が衰退する産業の空洞化が起った。

　高度経済成長期には、関東南部から九州北部におよぶ太平洋ベルトに多くの工業が集中した。京浜・中京・阪神・北九州の４大工業地帯を中心に発展してきたが、現在では、京浜・中京・阪神の３大工業地帯が核となっている。京浜工業地帯は、最近、研究開発機能が集中され、先端産業をリードしている。中京工業地帯は、自動車工業をはじめとする機械工業が盛んでいる。阪神工業地帯は、中小工場が多い。

　80年代になると半導体やエレクトロニクス産業を中心に、東北や九州南部へ工業が分散した。現在、出荷額が最も多いのは中京工業地帯である。

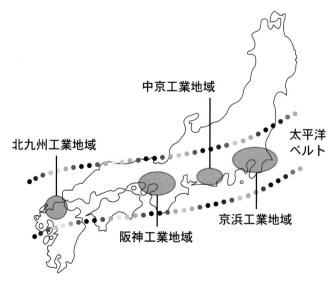

＜日本の４大工業地域＞

3) 日本の公害

　日本の公害は、1955年以後の高度成長期の工業化に伴い深刻化した。工場から出た有機水銀によって発生する水俣病は、新潟県や熊本県で多くの死者を出した。それから、富山県の鉱山から出たカドミウムによるイタイイタイ病がある。また、全国各地の工業都市では、硫黄酸化物等による大気汚染で、ぜんそく等の公害病患者が増えた。三重県の四日市喘息が有名である。

〈 日本の４大公害 〉

4)貿易

　加工貿易国である日本は、第二次世界大戦前は繊維製品、戦後は鉄鋼や機械類が中心となった。戦後、日本の最大貿易相手国はアメリカであったが、最近では中国が最大の相手国となっている。

問1 日本の産業について述べた文として正しいものを、次の①〜④のうちから一つ選べ。

① 日本の食料自給率は、アメリカからの輸入自由化に押し流されたものの、主要先進国の中では高い値を示している。

② 日本国土の70％を超える森林であるほど、日本の林業は発達している。

③ 1970年代以後、石油危機による燃料の高騰などで日本の遠洋漁業は衰退した。

④ 70年代の石油危機を機に、日本国内では産業が衰退する産業の空洞化が起った。

問2 1955年以後、高度の経済成長を成し遂げた日本は、その反面、産業の公害による被害も激しかった。日本の公害について述べた文として誤っているものを、次の①〜④のうちから一つ選べ。

① 新潟県で多くの死者を出した水俣病は、工場から出た有機水銀が原因である。

② 三重県の四日市のゼンソクは、硫黄酸化物などによる大気汚染によるものである。

③ 熊本県で発生した公害病の原因は、砒素である。

④ 富山県のイタイイタイ病は、鉱山から出たカドミウムによるものである。

世界の事情

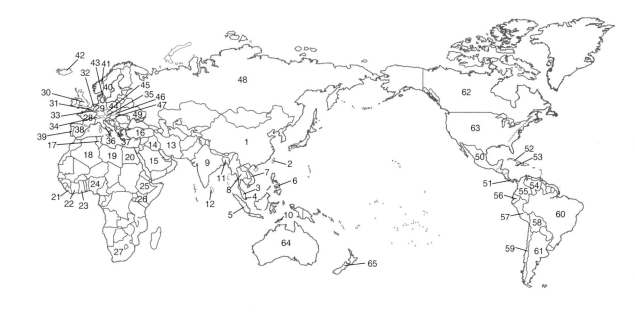

1	中国	17	チュニジア	33	ルクセンブルク	49	ウクライナ
2	台湾	18	アルジェリア	34	スイス	50	メキシコ
3	マレーシア	19	リビア	35	オーストリア	51	パナマ
4	シンガポール	20	エジプト	36	イタリア	52	キューバ
5	インドネシア	21	リベリア	37	ギリシャ	53	ハイチ
6	フィリピン	22	コートジボワール	38	スペイン	54	ベネズエラ
7	ベトナム	23	ガーナ	39	ポルトガル	55	コロンビア
8	タイ	24	ナイジェリア	40	スウェーデン	56	エクアドル
9	インド	25	エチオピア	41	ノルウェー	57	ペルー
10	東ティモール	26	ケニア	42	アイスランド	58	ボリビア
11	バングラデシュ	27	南アフリカ	43	デンマーク	59	チリ
12	スリランカ	28	フランス	44	ポーランド	60	ブラジル
13	イラン	29	ドイツ	45	チェコ	61	アルゼンチン
14	イラク	30	イギリス	46	スロバキア	62	カナダ
15	サウジアラビア	31	ベルギー	47	ハンガリー	63	アメリカ
16	トルコ	32	オランダ	48	ロシア	64	オーストラリア
						65	ニュージーランド

36 DAY

1. 中華人民共和国

アジア大陸の東部に位置する社会主義国で、首都は北京(ペキン)。国土は、世界第3位の広大な面積であり、人口は世界一位である。50を越える少数民族がいて、モンゴル族やチベット族はラマ教、ウイグル族やホイ族はイスラム教を信仰しているといったように民族によって文化も大きく異なる。1990年代以降、飛躍的に経済が発展し、世界の工場と呼ばれている。鉄鉱石や石炭、石油等の鉱産資源の産出量が多く、石炭は世界最大の産出国である。その他、レアメタル(希少金属)やレアアース(希土類)は、世界の産出量の大部分を占めている。

イギリスの割譲地であったホンコンは、中国へ返還[1997]された後、一国二制度による特別行政区となっていて、金融・貿易・商業・観光等、第3次産業の割合が増加している。

ポルトガルから中国へ返還[1999]されたマカオは、観光地として有名である。

2. 台湾

中国本土南東の台湾島にある国で、気候は亜熱帯で、首都はタイペイ(台北)。長い間、中国と対立が続いてきたが、1990年代以降は経済交流が盛んに行われている。アジアNIEsの一つとしてパソコン産業は世界的で、特に半導体工場が多い。

3. マレーシア

マレー半島南部にある連邦制の立憲君主国で、首都はクアラルンプール。国民のほとんどがイスラム教徒で、多民族国家である。天然ゴムのプランテーションでの生産が多く、昔は輸出の中心だったが、1970年代以降は工業化が進み、近年は機械類が輸出の中心となっている。

4. シンガポール共和国

マレー半島南端のシンガポール島と周辺の小島よりなる国で、首都はシンガポール。1970年代に外国資本を導入し、技術集約的な工業化を進め、中継貿易に乗り出し発展した。また、国際金融センターとしても成長し、今日ではアジアNIEsの一つ

に数えられていて、一人当り国民所得は東南アジアで最高水準である。

5. インドネシア共和国

　アジア南東部の約１万以上の島々とニューギニア島西半からなる国家で、首都はジャカルタ。イスラム教徒が多く民族構成は非常に複雑である。オランダの植民地支配の時代$_{1602～1945}$からプランテーションが始まり、ゴム・コーヒー・タバコ等の輸出用農産物が生産され、石油・天然ガスをはじめ、鉱業も盛んである。

6. フィリピン共和国

　アジア大陸の南東、南シナ海と太平洋の間にある約７千余の島々からなる国で、首都はマニラ。アメリカから独立$_{1946}$し、宗教はキリスト教が中心であるが、南部にイスラム教徒がいて、対立が根深い。アメリカや日本の資本でサトウキビ、バナナ等をプランテーションで生産し、バナナは日本向けが中心である。輸出指向型の電気・電子等の工業化も進めている。

7. ベトナム社会主義共和国

　インドシナ半島の東半分を占める社会主義国で、首都はハノイ。フランスから独立$_{1945}$し、ドイモイ(刷新)政策$_{1986}$によって市場経済の導入と対外経済を優先する経済改革を進めた。社会主義型市場経済による国づくりを目指し、ASEANに加盟$_{1995}$している。農業は稲作が中心だが、近年はコーヒー豆の生産が増加し、生産量は世界の首位である。

8. タイ王国

　インドシナ半島中部の立憲君主国で、首都はバンコク。周辺諸国が欧米諸国の植民地となる中で、緩衝国として独立を保持した国で、宗教は国民のほとんどが仏教である。農業は米のモノカルチャー経済で、米の輸出量は世界のトップクラスである。工業は外国資本の導入で工業化を図っていて、機械類がタイの最大の輸出品となった。

9. インド

　イギリスの植民地$_{1858〜1947}$だったインドは、インド半島の大半を占める連邦共和国で、首都はニューデリー。宗教はヒンドゥー教が大多数だが、他に多数の宗教があり、対立・抗争がしばしば起きる。農業人口が圧倒的に多いが、1990年代から本格的な経済開放政策を実施し、綿工業・鉄鋼業の他、原子力産業やその他の情報関連産業等、先端技術産業の成長が著しい。

10. 東ティモール民主共和国

　ティモール島のほぼ東半分と飛び地の島々からなる。元ポルトガル領で、カトリック教徒が多い。インドネシアに併合$_{1976}$されたが、独立$_{2002}$し、国際連合に加入した。

11. バングラデシュ人民共和国

　インド半島の北東部に位置する。人口密度が高く、湿潤な気候で、熱帯低気圧のサイクロンの災害が発生することが多い。

12. スリランカ民主社会主義共和国(セイロン)

　インド半島の南東に位置する島国である。米と茶・天然ゴムが主要産物である。

13. イラン・イスラム共和国

　西アジアの高原地帯を占め、南はペルシア湾に、北はカスピ海に臨む国で、首都はテヘラン。国民の約半数がペルシア人で、イラン革命$_{1979}$によりイスラム共和国へ移行し、シーア派が多い。世界有数の産油国である。

14. イラク共和国

　ティグリス川・ユーフラテス川の流域を占めるアラビア半島の国で、首都はバグダッド。イラン・イラク戦争$_{1980〜88}$・クウェートへ侵攻・湾岸戦争$_{1991}$・イラク戦争$_{2003}$に敗れ、壊滅的な被害を受けた。国土の大半が乾燥気候で、最大の産業は石油である。

15. サウジアラビア王国

　広大なアラビア半島の80％を領有し、東はペルシア湾、西は紅海に面し、戦略的に重要な位置を占めて、首都はリヤド。国土の大部分は砂漠に覆われ、イスラム発祥の地である聖地メッカには巡礼者が多く訪れる。20世紀初に独立したが、今も完全な専制君主国家で、憲法も議会も政党もなく、国王一族が統治している。石油の埋蔵量と生産量は世界の首位で、莫大な収入を得ている。外国人労働者が多い。

16. トルコ共和国

　アジアとヨーロッパの２つの大陸にまたがる国で、バルカン半島東端にあるイスタンブールを領有して、首都はアンカラ。バルカン半島と小アジアにダーダネルス海峡やボスポラス海峡を隔てている。イスラム世界で最初で政教の分離等の近代化を進めた国である。13世紀末に成立したオスマン帝国により広大な地域を支配したが、第一次世界大戦により崩壊、共和国$_{1923}$となった。地中海式農業が盛んで、鉱産資源が豊富で各種工業が発達し、観光業も盛んである。

問1 下に記述した国はどこか、正しいものを、次の①～④のうちから一つ選べ。

> フランスから独立した社会主義国家で、1980年代後半にドイモイ政策によって市場経済を導入し経済改革を進め、現在ASEAN加盟国である。

① インドネシア

② ベトナム

③ インド

④ フィリピン

問2 トルコについて述べた文として誤っているものを、次の①～④のうちから一つ選べ。

① アジアとヨーロッパの二つの大陸にまたがる国である。

② バルカン半島と小アジアにダーダネルス海峡やボスポラス海峡を隔てている。

③ バルカン半島東端にあり、首都はイスタンブールである。

④ イスラム世界で最初で政教の分離などの近代化を進めた。

17. チュニジア共和国

　北アフリカ中央部、南部はサハラ砂漠、北部は地中海の沿岸に面する国で、首都はチュニス。フランスから独立$_{1956}$したイスラム国で、ジャスミン革命$_{2010}$が起き、「アラブの春」の始まりになった。石油と観光の収入が主要収入である。

18. アルジェリア民主人民共和国

　アフリカ北西部に位置し、北岸をアトラス山脈が走り、内部はサハラ砂漠となっている。首都はアルジェ。地中海式農業とオアシス農業が行われ、サハラ砂漠では石油と天然ガスを多く産出している。

19. リビア

　アフリカ大陸の北部中央に位置し、地中海に面している。首都はトリポリ。国土の90％以上が砂漠で、輸出のほとんどは石油で、一人当たり国民総所得はアフリカで高水準であるが、国内消費食料の75％を輸入に依存している。

20. エジプト・アラブ共和国

　アフリカ大陸の北東に位置し、北は地中海に臨み、首都はカイロ。南北に貫流するナイル川の河谷とデルタ地帯以外は国土の大部分が砂漠である。ナイル河口の東にスエズ運河があり、紅海と地中海を結んでいる。農業人口は多いが、耕地はナイル川流域に限られていて、穀物の自給率は低い。石油と石油製品が最大の輸出品であり、その他にスエズ運河の通航料や観光収入がある。

21. リベリア共和国

　西アフリカに位置する。アメリカからの解放奴隷によって建国されたアフリカ最初の共和国$_{1847}$である。鉱山資源が豊富で、世界有数の便宜置籍船を保有している。

22. コートジボワール共和国

西アフリカに位置する。フランスから独立$_{1960}$し、公用語はフランス語である。コーヒー・カカオ生産は世界一位である。

23. ガーナ共和国

西アフリカに位置し、国土の67%がヴォルタ川水系である。水力発電を利用したアルミニウム精錬等の工業化が進んでいる。金・石油・カカオが主要輸出品である。

24. ナイジェリア連邦共和国

西アフリカに位置し、アフリカ第一の産油国で、アフリカ最大の人口をもっている。レアメタル(稀少金属)の生産も多い。

25. エチオピア連邦民主共和国

アフリカ大陸の北東部に位置する内陸国で、南北にアフリカ大地溝帯が走る。首都はアディスアベバ。アフリカ最古の独立国で、キリスト教が70%であり、コーヒーの原産地である。

26. ケニア共和国

アフリカ大陸の東部にある赤道直下の高原の国で、首都ナイロビは標高1700mに位置し、快適である。キリマンジャロ山の裾野に野生動物が多く生息する自然国立公園で有名で、観光収入が多い。

27. 南アフリカ共和国

アフリカ大陸最南端の国で、内陸部は1000mを越える高原が広がり、温和である。南西部には地中海性気候、南東部には西岸海洋性気候である。世界一の金をはじめ、ダイヤモンド、石炭、鉄鉱石、ウラン、さらにレアメタル（稀少金属）にめぐまれている。石油は産出しない。

28. フランス共和国

　西ヨーロッパの最大の農業国で、小麦等食料の輸出国であり、首都はパリ。農業人口の割合は先進工業国の中ではやや高い。パリ盆地周辺では大規模な小麦栽培が行われ、生産性が高く、中部や西部ではブドウの栽培が盛んである。地中海沿岸では、夏に乾燥する地中海性気候のため、オリーブ、ブドウ等の果樹栽培が行われる。電力は原子力発電への依存度が高く、航空機等の工業が発展している。

29. ドイツ連邦共和国

　ヨーロッパの中央部に位置し、首都はベルリン。ルール工業地域を中心に近代工業が発達し、産業の主力は自動車・化学・機械等で、生産量・技術とも世界のトップクラスである。

30. イギリス

　イングランド・スコットランド・ウェールズ・北アイルランドの4地域からなる連合国家で、首都はロンドン。イングランドは、ロンドンを中心にしたイギリスの核心地域で、工業が盛んで、農業の生産性も高い。スコットランドは、独自の行政組織をもっているが、過疎化が進み、イングランドとの地域格差が問題になっている。ウェールズは、ケルト系の住民が住んでいる地域で経済が貧しい。北アイルランドは、少数派のケルト系の住民と多数派のイギリス系の住民との民族問題が深刻である。

　「大英帝国」として繁栄したイギリスは、世界の海運、金融の面でも中心的地位を占めたが、戦後、産業の国有化で、国際市場での競争力は衰えた。その後、1980年代に数多くの国営大企業を民営化し、経済の回復を進めた。EUの加入国であったイギリスは国民投票でEU離脱$_{2016}$を選んだ。

ベネルクス3国(ベルギー・オランダ・ルクセンブルク)

31. ベルギー王国

　北海に面する立憲君主国で、首都はブリュッセル。君主制で言語別の連邦国家に移行$_{1993}$した。酪農中心の北部と鉄工業地域の南部の経済情勢は両地域の言語紛争にも影響を与えている。南部はフランス語を、北部はオランダ語を使っている。ダイヤモンド加工業が盛んである。

32. オランダ王国

　北海に面する立憲君主国で、首都はアムステルダム。酪農と園芸農業が盛んで、国土の４分の１が海面下の土地である。大企業が多く、工業国としても発展している。干拓地であるポルダーは牧草地に利用されている。

33. ルクセンブルク大公国

　内陸国で鉄鉱石産地があり、鉄鋼業が主産業である。首都はルクセンブルク。金融業や先端技術産業も発展している。

34. スイス連邦

　アルプス山脈中の内陸国で、首都はベルン。永世中立が国際的に承認[1815]され、中立の政策のもとで経済が発達してきた多民族国家である。国際的な金融業の中心地であり、観光業と酪農業、精密機械工業(時計が有名)の他、化学・食品工業が盛んである。EFTA加盟国で、国連には2002年に加盟している。

확인문제

問 1 下に記述した国はどこか、正しいものを、次の①〜④のうちから一つ選べ。

> 西アフリカに位置する国で、フランスから独立した。カカオ生産と輸出は世界一位である。

① リビア

② チュニジア

③ ケニア

④ コートジボワール

問 2 リベリアについて述べた文として誤っているものを、次の①〜④のうちから一つ選べ。

① アメリカからの解放奴隷によって建国された国である。

② 世界有数の便宜置籍船を保有している。

③ 世界最初の黒人共和国である。

④ 西アフリカに位置し、鉱山資源が豊富である。

정답 1. ④   2. ③

35. オーストリア共和国

ヨーロッパ中央部の内陸国で、ドナウ川が国土北部を東西に貫流する。第二次世界大戦後、永世中立国になり、首都はウィーンであり、「芸術の都」として有名である。観光収入も多く、機械・化学・電機・電子等の工業が発達している。

36. イタリア共和国

地中海に突出したイタリア半島とサルデーニャ・シチリア島等の島々からなる国で、首都はローマ。北部は工業が発達し、南部は地中海式農業や移牧が行われるが生産性は低い。ファッション産業は工業の中心をなしている。

37. ギリシャ共和国

バルカン半島に位置し、首都はアテネ。観光産業と海運業が盛んで、地中海農業でオリーブ等を栽培している。2010年以降、財政危機が深刻化している。

38. スペイン

イベリア半島の大部分を占める国で、首都はマドリード。大西洋岸に発達した複雑な海岸線はリアス海岸と呼ばれる。北部は西岸海洋性気候であるが、全体としては地中海性気候で、一部はステップ気候もみられる。工業も発達しているが、観光収入も多い。カタルーニャ・バスク地方は自治権拡大の要求が強い。

39. ポルトガル共和国

イベリア半島西端の国で、首都はリスボン。大航海時代以来、多くの植民地を支配したが、今は各地の植民地も独立した。地中海式農業と漁業が盛んである。

40. スウェーデン王国

スカンディナヴィア半島の東部を占める立憲共和国で、首都はストックホルム。北緯55度〜69度の間にあり、長く暗い極夜の冬と、短いが明るい白夜の夏が特色で

ある。有数の福祉国家で、豊富な鉄鉱石・林産資源を基盤とする工業国
で、機械・化学・IT等が発達している。

41. ノルウェー王国

　スカンディナヴィア半島の西部を占める立憲共和国で、首都はオスロ。フィヨル
ドが西岸に広がり、西岸海洋性気候のため、高緯度のわりには温暖であり、水産業
が盛んでいる。森林資源や水力資源が豊かで、製紙、アルミニウム精錬の産業が発
達している。北海油田で石油や天然ガスを産出、輸出量が多い。EFTA加盟国であ
る。

42. アイスランド共和国

　北大西洋最北の氷河と火山の島国である。水産業と豊富な地熱を利用したアルミ
ニウム精錬・漁業が代表産業である。北大西洋海流が流れる南部は温帯の西岸海洋
性気候である。EFTA加盟国である。

43. デンマーク王国

　北海・バルト海に面する立憲君主国で、首都はコペンハーゲン。酪農が農業の中
心で、肉類の生産も多い。産油国であるが、風力発電の利用拡大を図っている。有
数の福祉国家である。

44. ポーランド共和国

　東ヨーロッパ北部にあり、バルト海に面している平原の国で、首都はワルシャ
ワ。国土の半分が耕地であり、鉱産資源も豊富で、重化学工業が発達している。

45. チェコ共和国

　ヨーロッパ中部の内陸国で、首都はプラハ。旧チェコスロバキアから分離独立1993
し、石炭等の豊富な鉱産資源をもとに、繊維・ガラス・食品・機械等の工業が盛ん
で、観光収入も多い。

46. スロバキア共和国

ヨーロッパ中部の内陸国で、旧チェコスロバキアから分離独立[1993]した国で、ハンガリーとの国境西半部をドナウ川が流れる。

47. ハンガリー

ドナウ川中流流域の内陸国で、首都はブダペスト。国土の大部分をハンガリー盆地が占め、国土の中央をドナウ川が流れ、穀物農業が盛んである。

48. ロシア

ユーラシア大陸北部に位置し、世界第一位の面積をもつ国で、首都はモスクワ。バルト海に面した飛地の領土があり、気候は冷帯気候がもっとも広い。工業はコンビナート方式で工場が建設された。ソ連崩壊の後、ロシアの成立につれて、経済の自由化と農地の私有化等の改革が進められている。

49. ウクライナ

黒海沿岸にある国で、黒土地帯が広がり穀倉地帯であり、天然資源も豊富である。EU加盟問題で対ロシア関係が悪化し、クリミア半島がロシアに併合[2014]された。

問1 ノルウェーについて述べた文として誤っているものを、次の①〜④のうちから一つ選べ。

① フィヨルドが西岸に広がり、西岸海洋性気候のため高緯度のわりには温暖である。

② 水産業が盛んでいて、特に日本へのサバの輸出が多い。

③ 北海油田で石油や天然ガスを産出し、輸出量が多い。

④ EU加盟国で、ユーロを使っている。

問2 下に記述した国はどこか、正しいものを、次の①〜④のうちから一つ選べ。

> イベリア半島に位置し、大西洋岸に発達した複雑な海岸線はリアス海岸と呼ばれる。工業も発達しているが、観光収入も多い。カタルーニャ・バスク地方は自治権拡大の要求が強い。

① スペイン
② ギリシャ
③ ポルトガル
④ イタリア

정답 1. ④　2. ①

39 DAY

50. メキシコ合衆国

　北アメリカ大陸南部にある高原の国で、首都はメキシコシティ。混血のメスティーソがもっとも多く先住民も多い。全人口の4分の1がメキシコシティに集中していて、深刻な大気汚染、地盤沈下等の問題をかかえている。石油、銀をはじめ鉱産資源が豊富で、今日、NIEs(新興工業経済群)に位置づけられている。また、北アメリカ自由貿易協定(NAFTA)を結成$_{1994}$し、経済的な結合を深めている。

51. パナマ共和国

　中央アメリカの最狭部に位置し、カリブ海と太平洋に臨む国である。太平洋と大西洋を結ぶパナマ運河は、アメリカが管理してきたが、パナマに返還$_{1999}$された。便宜置籍船が多い。

52. キューバ共和国

　西インド諸島最大の面積をもつキューバ島と周辺の島々からなる国である。サトウキビの栽培と砂糖の輸出にたよる典型的なモノカルチャー経済の国である。

53. ハイチ共和国

　西インド諸島にある国で、最初の黒人共和国$_{1804}$である。国民の90％が黒人で、フランス植民地だったのでフランス語を使っている。

54. ベネズエラ共和国

　南アメリカ大陸北部に位置し、カリブ海に臨む国である。OPEC加盟国で、石油と鉄鉱石を産出・輸出している。主要産業は国有化し、国家経済は石油生産に依存している。

55. コロンビア共和国

　南アメリカ大陸北西部にあり、太平洋とカリブ海に臨む国である。世界有数のコーヒー生産国で、鉱産資源も豊かである。ほとんどの大都市は、いずれも高山都市で、低緯度ながら穏和な気候である。

56. エクアドル共和国

　南アメリカ大陸北西部に位置し、太平洋に臨む赤道直下の国で、首都はキト。経済はバナナ・カカオ・コーヒー等の輸出用商品作物と石油の生産輸出に依存している。

57. ペルー共和国

　南アメリカ大陸西部に位置し太平洋に臨む国で、首都はリマ。インカ帝国の中心地だった。水産業が盛んで、銅等鉱産資源も豊富である。

58. ボリビア多民族国

　南アメリカ大陸の中央部に位置する内陸国である。チリとの争い$_{1883}$で海岸地方を奪われて内陸国となった。スズ等の鉱産資源が豊富であり、都市は高原の高山都市である。

59. チリ共和国

　南アメリカ大陸の南西部に位置し、太平洋に臨む細長い国である。北部は砂漠気候、中部は地中海性気候、南部は西岸海洋性気候である。白人の比率が高く、アメリカ資本による銅の生産が多いモノカルチャー経済の典型である。他に、ワイン・果実の生産と漁業も盛んである。

60. ブラジル連邦共和国

　南アメリカ大陸東部にあり、大西洋に臨む国で、面積は南アメリカ大陸全体の半分近くを占める。首都はブラジリア。ポルトガル領から独立$_{1822}$し、現在、ポルトガル語が公用語である。国民の過半は白人で、日本人の移民・日系人も多い。かつてはコーヒーのモノカルチャーであったが、今は、鉄鋼・自動車が主要産業で、工業製品の輸出も多い。バイオ燃料の生産・利用にも努める。

61. アルゼンチン共和国

　南アメリカ大陸南部に位置し、大西洋に臨む国で、首都はブエノスアイレス。民族はスペイン系・イタリア系の白人が大部分である。フォークランド諸島の領有をめぐってイギリスと紛争[1982]があった。

62. カナダ

　北アメリカ大陸の北半部を占める広大な国で、ロシアに次いで世界第二位の面積である。首都はオタワ。気候はほとんど冷帯であるが、小麦は世界第2位の輸出国である。豊富な天然資源に恵まれて、森林資源と鉱産資源の産出が多い。また、水力発電が盛んで、水力が国全体の発電量の半分以上を占めている。貿易はアメリカに依存しており、アメリカが最大の貿易相手国である。北米自由貿易協定(NAFTA)により、経済的な結び付きがさらに強化されている。先住民はインディアンとイヌイットであるが、ケベック州にはフランス系住民が住み、独自の文化を保持している。

問1 下に記述した国はどこか、正しいものを、次の①～④のうちから一つ選べ。

> 太平洋に臨む細長い国である。白人の比率が高く、銅の生産が多いモノカルチャー経済の典型である。ワイン生産と漁業も盛んである。

① ペルー

② チリ

③ コロンビア

④ ボリビア

問2 ブラジルについて述べた文として誤っているものを、次の①～④のうちから一つ選べ。

① 大西洋に臨む国で、スペイン領から独立した。

② 国民の過半は白人で、日系人も多い。

③ コーヒーの生産量と輸出量において世界で首位を占めている。

④ 現在、公用語はポルトガル語である。

정답 1. ② 2. ①

40DAY

63. アメリカ

1) 位置・気候

　北アメリカ大陸の中央部に位置し、大西洋・太平洋に臨み、ハワイ・アラスカを含む50の州からなる連邦国家である。広い国土を持ち、首都はワシントン。

　西部は新期造山帯のロッキー山脈、東部は古期造山帯のアパラチア山脈等の丘陵地で、五大湖、メキシコ湾岸から大西洋岸にまで海岸平野が発達している。フロリダ半島南部は熱帯の気候になっており、ハリケーンの被害をうけやすい。西部はステップや砂漠が広がり、太平洋岸の北緯50度以北の方では西岸海洋性気候、以南の方では地中海性気候が見られる。

　多民族・移民の国で、20世紀後半からはラテンアメリカ系とアジア系の移民が増加した。全体の80％を占める白人の中でアングロサクソン(イギリス系)が上流階級を形成している。

　メキシコ系を中心としたスペイン語系アメリカ人であるヒスパニックはスペイン語を使用し、人口増加率も非常に高く、人口数が黒人を上回っている。太平洋岸やハワイでは、アジア系の移民が多い。

2) 主要都市

① 北東部の都市

　ボストンは、漁業・海運業が発達した港湾都市で、いち早く工業化が進んだ地域で、印刷・出版業が発達した学問や文化の中心地である。

　ニューヨークは、最大の商工業都市で世界の政治・経済の中心地であり、大貿易港でもある。マンハッタンのウォール街にある株式市場や国際的な金融機関は、世界経済に絶対な影響力をもっている。また、国際連合の本部がおかれ、国際政治の中枢機能を果たしている。

　フィラデルフィアは、独立宣言書[1776]を発した都市で有数の貿易港である。鉄鋼・機械・石油化学等の工業が発達している。

　ワシントンはアメリカの首都で、どの州にも属さない連邦政府の直轄地で、放射直交路型道路網をもつ計画都市である。

② 中部の都市

デトロイトは、五大湖の中間に位置する自動車工業都市で、各種自動車関連工業が集積している。

シカゴは、世界的な農畜産物の集散地で、農業機械、食品工業の中心地として発展した。

③ 南部の都市

ニューオーリンズはミシシッピ川河口にある港湾・工業都市である。フランス系の移民によって古くから発展した南部最大の貿易港である。

アトランタは黒人の低賃金労働により、古くから綿工業が発展した。

ヒューストンは宇宙・航空・石油産業等が発達している。

④ 太平洋岸の都市

サンフランシスコは西岸第一の貿易港である。

サンノゼは、世界最大の電子工業地域で、シリコンヴァレーと呼ばれている。

ロサンゼルスはアメリカの第2の大都市であり、各種工業が立地している。ハリウッドを中心とする映画産業と観光地として有名である。

⑤ その他

アラスカは、北アメリカ大陸北西端に位置し、ロシアより買収$_{1867}$して最大の面積と最小の人口密度をもつ。現在、石油を産出していて、イヌイットが住んでいる。

ハワイは、北太平洋中部に位置する火山島で50番目の州である。軍事上・交通上の要地であり、主な収入源は観光業で、日系人が多い。

3) 資源・工業

アメリカは各種資源が豊富な世界一の工業国である。しかし、20世紀後半には石油消費量が生産量を大きく上回る状態が続いた。21世紀に入り、これまで採掘が難しかった頁岩(シェール)層から天然ガスや原油の産出が本格化し、エネルギー事情は好転した。

五大湖周辺では、自動車や鉄工業が発達しているが、激しい国際競争で斜陽化傾向にある。北緯37度以南のサンベルトや太平洋岸では、先端技術産業が多く立地し、アメリカの工業をリードしている。

4) 農牧業

　アメリカの農業は大規模な大企業農業を行い、生産性が極めて高い。これによる生産過剰の問題を解決するため、余剰農産物の輸出に力が入れられた。そのため貿易の自由化を強く主張していて、世界の農産物市場に占めるアメリカの地位は極めて高い。

64. オーストラリア連邦

　南太平洋に位置し、大陸全体が国土で、イギリス連邦加盟国である。首都はキャンベラ。18世紀にイギリス植民地となった。産業革命が進むにつれて、毛織物原料である羊毛の需要が増大して、開拓が進んだ。民族は大部分がイギリス系で公用語は英語である。気候は乾燥帯がもっとも広く、北部は熱帯のサバナ気候、南部は温帯で、地中海性気候、西岸海洋性気候、温暖湿潤気候等が見られる。農牧業は機械化の進んだ企業的農牧業であることが特徴である。オーストラリアの鉄鉱石や石炭は日本やアメリカの資本と技術で開発され、日本へ大量に輸出する。

65. ニュージーランド

　南太平洋の南西部に位置する、イギリス連邦加盟国で、環太平洋造山帯の一部である。原住民はマオリ族であり、世界屈指の先進農業国で、輸出に占める農畜産物の割合が高い。

北極と南極

　両極点を中心として南北とも緯度66度34分までを極圏という。南極は、南極大陸及びその周辺の地域で、北極は北極海及びその周辺の島々を含む。世界最大の島であるグリーンランドはデンマーク自治領である。

問1 下のアメリカについての記述の中で、誤っているものを、次の①〜④のうちから一つ選べ。

① フロリダ南部は熱帯気候で、サイクロンの被害を受けやすい。

② スペイン語を使用するヒスパニックの人口数は黒人を上回っている。

③ 太平洋岸やハワイでは、アジア系の移民が多い。

④ 西部はステップや砂漠が広がっている。

問2 下のオーストラリアについての記述の中で、誤っているものを、次の①〜④のうちから一つ選べ。

① イギリス系が大部分で、公用語は英語である。

② 北部は熱帯のサバナ気候で、南部は温帯気候である。

③ イギリス連邦加盟国で、首都はシドニーである。

④ 鉄鉱石や石炭は日本へ大量に輸出している。

정답 1. ① 2. ③

▶ 모의테스트 정답 및 해설 보기

日本留学試験 模擬テスト

総合科目
（80分）

I 試験全体に関する注意

1. 係員の許可なしに、部屋の外に出ることはできません。

2. この問題冊子を持ち帰ることはできません。

II 問題冊子に関する注意

1. 試験開始の合図があるまで、この問題冊子の中を見ないでください。

2. 試験開始の合図があったら、下の欄に、受験番号と名前を、受験票と同じように
   記入してください。

3. この問題冊子には、21ページがあります。

4. 足りないページがあったら、手をあげて知らせてください。

5. 問題冊子には、メモや計算などを書いてもいいです。

III 解答用紙に関する注意

1. 解答は、解答用紙に鉛筆(HB)で記入してください。

2. 各問題には、その解答を記入する行の番号 1 、 2 、 3 、…がついています。
   解答は、解答用紙（マークシート）の対応する解答欄にマークしてください。

3. 解答用紙に書いてある注意事項も必ず読んでください。

※ 試験開始の合図があったら、必ず 受験番号と名前を記入してください 。

受験番号 ☐☐＊☐☐☐☐＊☐☐☐☐☐☐

名前 ☐

問1 ナポレオンに関して述べた文章として、**適切ではないもの**を、次の①〜④の中から一つ選びなさい。 ⬚1

① ナポレオンは、イタリア遠征軍司令官としてオーストリアを破った。

② ナポレオンは、統領政府を倒した軍事クーデターにより皇帝となった。

③ ナポレオンが制定した民法典では、私有財産の不可侵が規定されている。

④ ナポレオンの有力な支持基盤は、中土地所有農民である。

問2 パリ講和会議(1919年)に関連して述べた文として正しいものを次の①〜④の中から一つ選びなさい。 ⬚2

① この会議では、全世界の国々に民族自決の原則が適用された。

② この会議で初めて、アメリカ合衆国大統領により14ヶ条の平和原則が出された。

③ この会議において、太平洋地域の現状維持と日英同盟廃棄が決められた。

④ 世界各国の首脳が集まり、国際連盟を含めた新たな国際体制構築についても討議された。

問3　第二次世界大戦に関連して述べた文として正しいものを次の①～④の中から一つ選びなさい。　　3

① ドイツは、独ソ密約によってポーランドに侵攻した後、オーストラリアを併合した。

② 日本の降伏後、国際連合憲章が採択され、国際連合が設立された。

③ 日本は、太平洋戦争の開戦以前にフランス領インドシナへ進駐した。

④ サラエボ事件をきっかけに三国同盟と三国協商との戦いとなり世界へ広がっていった。

問4　世界各地でみられる熱帯林について説明した文として誤っているものを、次の①～④の中から一つ選びなさい。　　4

① 東南アジアの赤道付近にある島々には、樹種が多く、樹高が高い常緑広葉樹の森林がみられる。

② 東南アジアの大陸部の森林では、平均して樹高が低く、広葉樹がみられる。

③ 東南アジアの海岸や河口部には、針葉樹林がどこまでも単調に続くマングローブ地帯がみられる。

④ アマゾン川流域には、さまざまな常緑広葉樹からなるセルバと呼ばれる森林がみられる。

問5　1929年に勃発した世界恐慌への欧米諸国の対策について述べた文として**誤っている**ものを次の①〜④の中から一つ選びなさい。　　　　　　　　　　　5

①　イギリスは、自国の海外の植民地での排他的な経済圏をつくるブロック経済を行った。

②　フランスは、大規模の公共事業を起こした。

③　米国のニューディール政策では、農産物の生産調整と価格安定などが図られた。

④　ナチス・ドイツが、公共事業や軍需生産によって失業の解消を図った。

問6　次の年表は、第二次世界大戦後の世界の新しい動きを示したものである。空欄（a）に入る地域はどこか、正しいものを次の①〜④の中から一つ選びなさい。

6

1955年	第一回アジア・アフリカ会議（バンドン）
1960年	（ a ）の17ヵ国が独立
1961年	第一回非同盟諸国首脳会議（ベオグラード）
1964年	国連貿易開発会議を創設
1974年	新国際経済秩序樹立が宣言される

①　アフリカ　　　　　　　　　　②　アジア

③　中南米　　　　　　　　　　　④　ヨーロッパ

問7 日本の憲法は、議員が自らの職責を十分に果たすことができるように、議員特権を与えている。これについての記述として正しいものを、次の①〜④の中から一つ選びなさい。 ☐ 7

① 議員在任中は、逮捕されることはない。

② 議院での演説・討論・表決について、院外では責任を問われない。

③ 議員でなければ国務大臣に就任できない。

④ 議員在任中の活動は、両院の国政調査権の対象とはならない。

問8 国際的な人権保障を定めた文書についての記述として正しいものを次の①〜④の中から一つ選びなさい。 ☐ 8

① 世界人権宣言は、個人の具体的な権利を規定し、国家を法的に拘束する文書である。

② 国際人権規約は、西欧諸国の意向を反映し、社会権の規定を除外した文書である。

③ 子供の権利条約は、子供の福祉と発達のための社会・生活条件の改善を主な目的として採択された。

④ 人権差別撤廃条約は、ジェノサイド(集団殺害)の禁止を主な目的として採択された。

問9　各国の政治制度に関連する記述として正しいものを、次の①〜④の中から一つ選びなさい。　⑨

① アメリカでは、各州2名ずつの議員からなる上院が置かれ、条約締結についての同意権など、重要な権限が付与されている。

② イギリスでは、上院が今日でも重要な役割を担っており、首相の指名は上院が行う。

③ 日本国憲法では、参議院は、議員が普通選挙で選出され、解散も認められるなど、第二院の民主化が図られている。

④ 日本国憲法では、内閣は衆議院に対してのみ責任を負うので、内閣総理大臣は衆議院議員でなければならない。

問10　「国家からの自由」に関連する記述として**適当ではない**ものを、次の①〜④の中から一つ選びなさい。　⑩

① 18世紀の多くの憲法は、自然権に基づく自由権が確立された。

② その役割が、必要最小限のものに限られるのが夜警国家である。

③ 啓蒙思想家が主張した社会契約説の思想を背景としている。

④ 社会的弱者が実質的平等の保障を国家に求める権利がある。

問11 次の図は、先進地域間の結び付きを貿易額で示したものである。図中のA～Cは、アメリカ合衆国、EU、日本のいずれかである。A～Cの組合せとして正しいものを、次の①～④の中から一つ選びなさい。 11

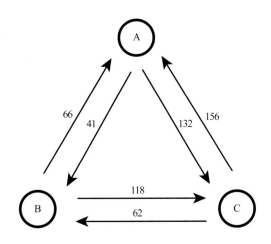

統計年次は2015年。『世界国勢図会』より作成

	A	B	C
①	アメリカ合衆国	EU	日本
②	アメリカ合衆国	日本	EU
③	EU	アメリカ合衆国	日本
④	EU	日本	アメリカ合衆国

問12　「参政権」についての記述として**適当ではないもの**を、次の①〜④の中から一つ選びなさい。　　　　　　　　　　　　　　　　　　　　　　　　　　　12

① 参政権が保障することにつれて、政党というものが生まれる。

② 選挙制度の歴史をみると、制限選挙権から普通選挙権に移行してきた。

③ 議院内閣制では、国民は議院だけでなく、首相をも直接に選挙する。

④ 国民投票は、国民が国政に直接参加するための方法である。

問13　アメリカの独立宣言とフランスの人権宣言に関する次の記述の中で、**誤っている**ものはどれか、次の①〜④の中から一つ選びなさい。　　　　　　　　13

① 独立宣言の草案は、トーマス・ジェファーソンが中心となって作成したものである。

② 独立宣言は、自然権・社会契約・国民主権などは明らかにしたが、抵抗権は認めなかった。

③ 人権宣言の草案は、ラファイエットが中心となって作成したものである。

④ 人権宣言は、絶対王制と封建制を拒んだ世界最初の人権宣言である。

問14 次の啓蒙思想家に関連する記述として**誤っている**ものを、次の①～④の中から一つ選びなさい。 14

① ホッブズは人間の自然状態を「万人の万人に対する闘争状態」だと捉えた。

② ロックは、権力の濫用に対して抵抗する国民の権利(抵抗権)を肯定した。

③ モンテスキューは、三権分立による人の支配を主張した。

④ ルソーは、人民が国家の主権の行使者であるとする人民主権を主張した。

問15 「ファシズム」に関する説明として**適当ではない**ものはどれか、次の①～④の中から一つ選びなさい。 15

① ファシズムとは、第一次世界大戦後の不況や失業などの資本主義体制の危機的状況の下に生まれた独裁的政治形態をさす。

② ファシズムは、19世紀以前の絶対主義を復活させようとする勢力の復古的運動である。

③ イタリアでは、ムッソリーニが組織した以後、約20年に渡ってファシスト政権が続いた。

④ ドイツでは、ヒトラーの率いるナチスが1933年から政権をとった。

問16 「条約の締結」に関連する説明としてもっとも適当なものを、次の①～④の中から一つ選びなさい。 16

① 日本では条約の締結については内閣の職権であるが、事後に国会の承認を経ることが必要である。

② 日本では条約の締結については内閣総理大臣の職権であるが、事前に国会の承認を経ることが必要である。

③ 日本では、条約締結については天皇の国事行為であり、内閣の助言と承認による。

④ 条約の締結に必要な国会の承認について、参議院と衆議院が異なる議決をした場合、参議院の議決を国会の議決とする。

問17 次の図は、ある貿易品の主な流れを示したものである。図に示されている貿易品として正しいものを、次の①～④の中から一つ選びなさい。 17

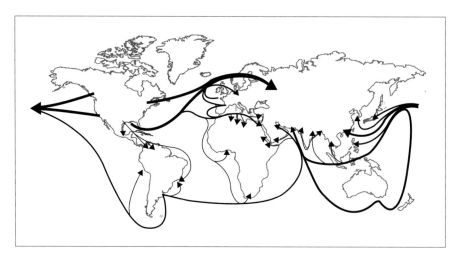

太さは貿易量のおよその大きさを示す。
矢印の経路は実際の輸送路ではない。

① 牛肉　　　　② 小麦　　　　③ 鉄鉱石　　　　④ 木材

問18 アジアNIEs(韓国、台湾、香港、シンガポール)に関する記述として最も適当なものを、次の①～④の中から一つ選びなさい。 [18]

① アジアNIEsでは、いずれも農村の膨大な余剰労働力を工業部門が吸収して、工業発展の人的資源を確保した。

② アジアNIEsでは、いずれも戦後すぐに成立した文民政権が、現在まで長期にわたって輸出志向工業化を担ってきた。

③ アジアNIEsでは、いずれも産業構造の高度化が進展し、今日ではパソコン関連機器などの生産を行うハイテク産業も発展している。

④ アジアNIEsでは、いずれも国内に天然資源が豊富であり、工業化の原材料として天然資源が積極的に利用された。

問19 主権国家を構成単位とする、近代的な国際社会が成立したのは17世紀になってからのことである。近代国際社会の成立にもっとも関係の深い事柄を、次の①～④の中から一つ選びなさい。 [19]

① ナポレオン戦争後の諸問題を処理するウィーン会議

② スペイン王位継承戦争の講和条約であるユトレヒト条約

③ 普仏戦争の講和条約であるフランクフルト条約

④ 三十年戦争を終結させたウェストファリア会議

問20 次の図1に示すシンガポール、スラバヤ、バンコク、マニラの4都市における月降水量の年変化を示したものである。スラバヤに該当するものを、次のグラフの①～④の中から一つ選びなさい。 20

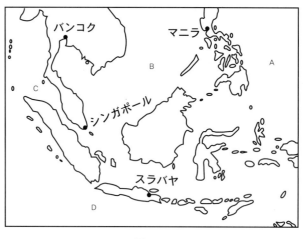

図1

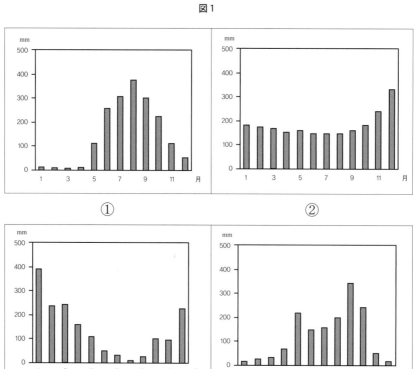

問21 第二次世界大戦後の東西冷戦時代の出来事についての記述として最も適切なものを、次の①〜④の中から一つ選びなさい。 21

① 1950年代半ば、ソ連・東欧諸国が創設したワルシャワ条約機構に対抗するため、アメリカは西欧諸国とともにNATO(北大西洋条約機構)を結成した。

② 1960年代、アメリカ主導の欧州政策に反発を強めたイギリスは、NATO軍事機構から脱退した。

③ 1970年代に入ると、キューバ危機やソ連軍のアフガニスタン侵攻など再び緊張を高める出来事が起こった。

④ 1980年代半ば、ソ連のゴルバチョフが「新思考外交」を揚げたことから、米ソ間の歩み寄りが実現し、89年には「冷戦終結」が宣言された。

問22 宗教や民族、領土問題などに絡んだ地域紛争として今日も続いている地域紛争の説明として明らかに**適切ではないもの**を、次の①〜④の中から一つ選びなさい。 22

① 北アイルランドのカトリック教徒とイスラム教徒による抗争

② スペイン・バスク地方における住民の分離独立運動

③ イラクやイラン、トルコなどにまたがるクルド民族紛争

④ ロシアにおけるチェチェン独立紛争

問23 資本主義経済では、財や生産要素の配分を市場経済における自由な取引にゆだねる市場経済が原則とされている。市場における資源配分がいかなる形で実現されるかを示す説明として**適当ではないもの**を、次の①～④の中から一つ選びなさい。 23

① 需要の拡大した財やサービスの市場においては、価格が上昇し生産量が増大する。

② 生産に必要な原材料の価格が上昇した財やサービスの市場においては、価格が上昇し生産量が減少する。

③ 労働者がより多くの余暇時間を求めるようになると、時間当たりの賃金は上昇し雇用量は増大する。

④ 住宅建設のための土地需要が高まった地域においては、地価が上昇し、住宅向けの土地供給が増大する。

問24 アダム・スミスの「見えざる手」と表現される考え方に対して、ケインズは異議を唱えた。ケインズの主張として最も適当なものを、次の①～④の中から一つ選びなさい。 24

① 自発的失業をなくすためには、政府が公共投資を縮小すべきである。

② 不況を克服するためには、有効需要を増加させるべきである。

③ 完全雇用を実現するためには、生産手段を国有化すべきである。

④ スタグフレーションに対処するためには、政府は経済に介入すべきではない。

問25 次の図は、企業の新規参入が規制されているある市場の需要曲線と供給曲線を示している。もし新規参入規制が緩和されると、どのような変化がこの市場に引き起されると考えられるか。そのような変化を示す記述として最も適当なものを、次の①〜④の中から一つ選びなさい。 [25]

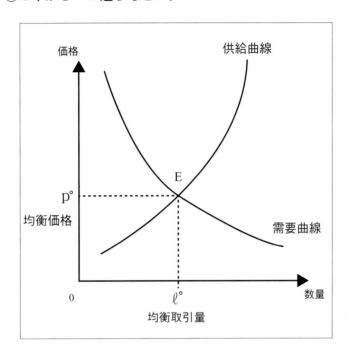

① 需要曲線が右に移動するので、均衡取引量は増大し、価格が低下する。

② 需要曲線が左に移動するので、均衡取引量は減少し、価格が低下する。

③ 供給曲線が右に移動するので、均衡取引量は増大し、価格が低下する。

④ 供給曲線が左に移動するので、均衡取引量は減少し、価格が低下する。

問26 ある財やサービスが一つの企業によって供給される独占に関連して、独占禁止法の目的として、**適当ではないもの**を、次の①〜④の中から一つ選びなさい。 26

① 市場の不公正な取引の制限や禁止

② 競争の維持や促進

③ 価格先導者の保護や育成

④ 市場の自動調節機能の回復

問27 可処分所得に関する記述として最も適当なものを、次の①〜④の中から一つ選びなさい。 27

① 所得から所得税と法人税を差し引いたものである。

② 所得から所得税と間接税を差し引いたものである。

③ 所得から所得税と社会保険料などを差し引いたものである。

④ 所得から教育費を差し引いたものである。

問28 為替レートは、外貨に対する需給の調整を通じて外国為替市場で決定される。自国と外国との二国間で、外国の通貨に対する需要を増加させる要因の一般的な例として最も適当なものを、次の①〜④の中から一つ選びなさい。 28

① 自国から外国への不動産投資が活発になる。

② 自国が外国へ余剰食糧による援助を行う。

③ 外国が自国からの財の輸入を増やす。

④ 外国から自国への株式投資が活発になる。

問29 次の表は、自国と外国において、衣料品と食糧品それぞれを1単位生産するために必要とされる労働量を表わしたものである。これら二国間で成立する比較優位構造についての記述として正しいものを、次の①〜④の中から一つ選びなさい。 29

	自　国	外　国
衣料品	30	X
食糧品	40	100

① X＝20のとき、外国は両商品の生産に比較優位をもつ。

② X＝60のとき、外国は食糧品の生産に比較優位をもつ。

③ X＝100のとき、自国は両商品の生産に比較優位をもつ。

④ X＝140のとき、自国は衣料品の生産に比較優位をもつ。

問30 日本と米国の金融資産の収益率と外国為替相場との関係を述べた次の文中の空欄 a および b に入れるものの組合せとして、最も適当なものを、次の①〜④ の中から一つ選びなさい。 30

> 日本の金融資産の収益率より米国の金融資産の収益率が a と予想される と、日本から米国へ資本が流出し、 b 圧力がかかる。

① a - 高い　b - 円高 　　　　② a - 高い　b - 円安

③ a - 低い　b - 円高 　　　　④ a - 低い　b - 円安

問31 次の表は、カナダとフランスの発電エネルギー源別割合を示したものである。表 中のカ〜クは、火力、原子力、水力のいずれかである。カ〜クの組合せとして正 しいものを、次の①〜④の中から一つ選びなさい。 31

	カ	キ	ク
カナダ	15	23	60
フランス	75	9	11

統計年次は2015年。『世界国勢図会』により作成

	①	②	③	④
火　力	カ	キ	ク	カ
原子力	キ	カ	キ	ク
水　力	ク	ク	カ	キ

問32 次の表は、南北アメリカを原産地とするカカオ、トウモロコシ、バレイショ(ジャガイモ)について、近年の国別生産量の上位4か国を示したものである。カ～クの組合せとして正しいものを、次の①～④の中から一つ選びなさい。 [32]

	カ	キ	ク
1位	中国	アメリカ合衆国	コートジボワール
2位	インド	中国	ガーナ
3位	ロシア	ブラジル	インドネシア
4位	ウクライナ	アルゼンチン	ナイジェリア

統計年次は2015年、『世界国勢図会』により作成

	カ	キ	ク
①	トウモロコシ	カカオ	バレイショ
②	トウモロコシ	バレイショ	カカオ
③	バレイショ	カカオ	トウモロコシ
④	バレイショ	トウモロコシ	カカオ

問33 ラテンアメリカの社会と文化について述べた文として**適当ではないもの**を、次の①～④の中から一つ選びなさい。 33

① ハイチでは、かつて奴隷として連れて来られた人々の子孫であるアフリカ系住民が人口の多数を占め、アフリカ起源の文化・習俗がみられる。

② ペルーでは、アメリカ先住民やメスティーソが人口の多数を占め、外来のカトリック信仰の中に先住民文化の要素もみられる。

③ ブラジルのリオデジャネイロの祭りとして有名なカーニバルは、この地方で優勢なプロテスタントの信仰を反映している。

④ アルゼンチンには、白人が多く、ヨーロッパからの大きな影響を受け、南米のパリともいわれる。

問34 石油は重要なエネルギー資源の一つである。石油に関して述べた文として下線部が最も適当なものを、次の①～④の中から一つ選びなさい。 34

① 1960年代までの世界の石油市場を支配していたメジャーは、現在ではそのほとんどが解体されてしまった。

② 1970年代の石油危機を契機に、日本は中東産油国への依存度を弱めたが、その後再びその依存度を増している。

③ 1970年代以降、石油への過度の依存を改めるため、日本は石油の消費量を減らし続けている。

④ 1980年代に入ると、北海油田での石油生産が増加し、イギリスはOPECに加盟した。

問35　次の文章は、ASEAN、EU、NAFTA、OPECについて説明したものである。その中でNAFTAについて述べた文章として最も適当なものを、次の①〜④の中から一つ選びなさい。

35

① 豊富な低賃金労働力を背景に外国資本を導入し、世界経済の成長センターとして注目された。

② 隣接する2か国間の自由貿易協定に、南に位置する国が加わる形で結成され、世界最大級の自由貿易圏が誕生した。

③ 人・もの・サービス・資本の自由な移動を妨げる障壁を撤廃し、域内の市場統合を実現した。外交・安全保障、社会分野の統合も進められている。

④ メジャーによる石油価格支配に対して、産油国が石油収入の減少を防ぐために設立した。非加盟国の産油量増加によって、影響力は低下している。

問36　途上国に対して行われる日本の政府開発援助(ODA)は、様々な目的で実施されている。その目的を述べた文として**適当ではないもの**を、次の①〜④の中から一つ選びなさい。

36

① 先進国へ労働者を派遣して母国への送金を奨励し貧困を解決する。

② 災害、飢餓および難民の発生に際して人道的救援活動を行う。

③ 国づくりに必要な技術移転を促進するために人材養成に協力する。

④ 社会・経済基盤整備への投資に協力し経済発展を図る。

問37 経済活動の舞台となる市場がうまく機能しない、いわゆる「市場の失敗」の事例として**適当ではないもの**を、次の①～④の中から一つ選びなさい。 37

① 生産効率を上げるために化学肥料と農薬を利用し、天候にも恵まれて豊作となったが、価格が暴落して、かえって収入が減ってしまった。

② 外貨の獲得のために発展途上国では、輸出用作物の耕地を無理に拡大したことで、土壌流出や土地の荒廃が深刻化している。

③ 日本の高度経済成長期には、工場の廃液や煤煙に含まれる有害物質が多くの人々の健康と生命を奪い、大きな衝撃を与えた。

④ 一般に、道路は料金を徴収することが困難なので、民間企業ではなく政府によって供給されている。

問38 これまで、人間の経済活動は、過度の資源の採取とゴミの大量廃棄によって、生態系の物質循環を撹乱したり、切断したりしてきた。これに関連して、地球環境問題に関する記述として最も適当なものを、次の①～④の中から一つ選びなさい。 38

① 国境を越えて広がる酸性雨は、先進国の工業化に伴って深刻化してきた問題であり、発展途上国の工業化の影響は認められない。

② 地球温暖化に対しては国際的な取り組みが進んできたが、先進国と発展途上国の利害対立など、各国の足並みがそろわないのが実情である。

③ NGO(非政府組織)は国益にとらわれることなく、地球環境保全のための国際的な活動を行っているが、地球サミットへの参加は許されていない。

④ フロンガスによるオゾン層破壊については、ストックホルムでの国連人間環境会議で採択された議定書をきっかけに、国際的な取り組みが始まった。

부록

	정답	파트		정답	파트
1	②	역사	20	③	지리
2	④	역사	21	④	역사
3	③	역사	22	①	현대사회
4	③	지리	23	③	경제
5	②	역사	24	②	경제
6	①	역사	25	③	경제
7	②	정치	26	③	현대사회
8	③	국제사회	27	③	경제
9	①	정치	28	①	경제
10	④	정치	29	④	경제
11	④	경제	30	②	경제
12	③	정치	31	②	지리
13	①	역사	32	④	지리
14	③	역사	33	③	역사
15	②	역사	34	②	지리
16	①	정치	35	②	국제사회
17	②	경제	36	①	국제사회
18	①	지리	37	①	경제
19	④	역사	38	②	현대사회

1 나폴레옹은 쿠데타에 성공한 후, 통령자리에 오르고 나서 나폴레옹1세로 황제가 된다.

2 ① 민족자결주의 원칙은 전 세계가 아니라 동유럽에만 적용되었다.
② 윌슨대통령의 평화원칙14개조는 1918년에 미국의회에서 발표했다.
③ 일영동맹 폐기는 워싱턴회의이다.

3 ① 독소밀약에 의해 오스트레일리아를 병합한 것은 아니다.
② 국제연합은 1945년 4월 대서양헌장이 채택된 것에 의해 성립하고, 일본은 같은 해 8월에 항복을 했다.
④ 사라예보사건은 제1차 세계대전의 도화선이 되었다.

4 침엽수림은 냉·한대지역에서 볼 수 있다.

5 영국과 프랑스는 블럭경제를 실시했다.

6 1960년에 아프리카의 17개국이 독립을 해, 아프리카의 해라고 한다.

7 ① 의원의 재임 중이 아니라 국회의 회기 중에는 체포되지 않는다.
③ 의원도 국무위원이 될 수 있다.

8 ① 세계인권선언은 법적 구속력은 없다.
② 국제인권규약은 세계인권선언에 대한 법적구속력을 부여했다.
④ 제노사이드는 인종과 관계없다.

9 ② 영국에서 수상 지명은 하원이 한다.
③ 일본의 참의원은 해산권이 없다.
④ 내각은 국회에 대해 책임을 진다.

10 국가에게 요구하는 권리는 "국가에 대한 자유"로 적극적 자유에 해당한다.

11 A와 C사이의 무역액이 크기 때문에 미국과 EU일 것으로 추정할 수 있으며, B와 C사이의 무역액은 B의 C에 대한 수출액이 수입액보다 큰 것으로 보아 B가 일본이라는 것을 알 수 있다. A와 B사이의 무역액은 수출 수입 모두 크지 않으므로 EU와 일본으로 예상할 수 있다.

12 의원내각제에서는 국민은 국회의원만 투표하고, 수상은 국회에서 선출한다.

13 미국의 독립선언은, 자연권, 사회계약, 저항권 등을 명확히 했다.

14 몽테스키외는 사람의 지배를 주장하지 않았다.

15 파시즘은 극단적인 국수주의운동으로, 군주제를 의미하는 절대주의 부활을 지향하지는 않았다.

16 ② 원칙적으로는 사전국회승인이 있어야 하지만, 부득이한 경우에는 사후승인도 허용된다.
③ 조약체결에 천황은 개입할 수 없다.
④ 조약체결에 있어서는 중의원이 우월하다.

17 미국의 전세계 대상 수출품목이라는 것과 프랑스의 주요수출품목이라는 것을 알 수 있다.

18 ① 방대한 잉여노동력은 없었다.
③ 홍콩은 금융업이 발달했으며, 싱가포르는 가공무역이 발달했다.
④ アジアNIEs는 천연자원의 혜택이 거의 없다.

19 ① ウィーン회의는 유럽의 왕정복고를 지향한 회의이다.
② 영국이 스페인·프랑스의 연합군을 격파하고 지브롤터를 영국령으로 삼은 조약이다.
③ 프로이센과 프랑스와의 전쟁 강화조약. 이 조약으로 인해 독일이 통일된다.

20 スラバヤ는 남반구에 위치하고 있다. 따라서 12월~1월이

여름이므로 강수량이 집중되어 있다.

① バンコク

② シンガポール

③ スラバヤ

④ マニラ

21 ① NATO(1949)에 대응하기 위해 ワルシャワ(1955)조약기구를 만들었다.

② 미·영·프는 NATO의 주축세력국이다.

③ キューバ위기는 1962년이다.

22 北アイランド의 분쟁은 카톨릭교와 국교회간의 충돌이다.

23 고용량은 증대하는 것이 아니라 감소한다.

24 ① "자발적 실업을 없애기 위해서"가 오류이다.

③ "생산수단을 국유화해야 한다"는 사회주의이다.

④ "스태그플레이션에 대처하기 위해"가 아니라 경기불황에 대처하기 위함이다.

25 신규참여가 증가한다는 것은 공급증가이다.

① 수요곡선은 변동되지 않는다.

② 수요곡선은 변동되지 않는다.

④ 공급곡선의 좌측이동은 감소이다.

26 가격 선도자가 있다는 것은 독점 또는 과점이라는 것을 의미하므로 독점금지법의 취지에 어긋난다.

27 가처분소득이란 자신의 소득 중에서 실제로 자유롭게 소비 또는 저축할 수 있는 소득이다.

28 ② 잉여식량의 원조이므로 환율과는 상관이 없다.

③ 자국의 입장에서는 수출하는 것이므로 외화수요와는 관계없다.

④ 자국에 대한 해외투자가 활발해지면 자국화폐의 수요는 증가하지만 외화 수요는 변동없다.

29 ① 외국은 의료품에, 자국은 식료품에 비교우위가 있다.

② 외국은 의료품에, 자국은 식료품에 비교우위가 있다.

③ 자국은 의료품에, 외국은 식료품에 비교우위가 있다.

④ 자국은 의료품에, 외국은 식료품에 비교우위가 있다.

30 일본인이 미국에 투자하기 위해서는 ドル를 円으로 바꿔 구입해야하는데, 이는 円安로 이어진다.

31 프랑스의 발전에너지원 비율은 원자력이 가장 크다.

32 옥수수의 최대생산국은 미국이며, 코트디부아르는 카카오의 세계최대의 생산국이다.

33 브라질의 카니발은 이탈리아로부터 도입된 것으로, 기독교적 모든 억압에서 해방되는 자유로움을 만끽하기 위한 것에서 시작되었다.

34 ① 아직도 건재하다.

③ 소비량은 줄이지 않고 있다.

④ 영국은 OPEC가맹국이 아니다.

35 ① ASEAN에 대한 설명이다.

③ EU에 대한 설명이다.

④ OPEC에 대한 설명이다.

36 ODA는 단순한 빈곤을 해결하기 위한 것이 아니라 개발도상국의 경제발전·사회발전·복지증진 등이 정부차원에서 시행되는 원조이다.

37 ① 시장의 실패는 수요와 공급에 의한 완전경쟁시장에서의 비효율적인 분배현상을 말하므로, 자연환경에 의한 가격폭락은 해당되지 않는다.

② 외화획득의 목적을 달성하기 위해 어쩔 수 없이 환경이 파괴되는 것은 시장의 실패인 외부불경제이다.

③ 시장의 실패인 외부불경제이다.

④ 공공재는 수요와 공급에 의한 시장의 원리에 의해 공급할 수 없으므로 시장의 실패이다.

38 ① 발전도상국의 산업화에 따른 산성비 피해는 상당하다.

③ 지구サミット에는 각국 정부대표와 환경전문가 및 민간환경단체 대표 등이 참여한 인류 최대의 환경회의이다.

④ 오존층보호에 관한 협약은 몬트리올 의정서이고, 유엔인간환경회의는 자연환경 보호에 관한 회의이다.

アメリカ・オセアニア		ヨーロッパ・ロシア		アフリカ・アジア	
		1756	7年戦争		
1765	印紙法				
1773	ボストン茶事件				
1775	独立戦争				
1776	独立宣言				
1783	パリ条約（米国成立）				
1787	米国憲法制定				
		1789	フランス革命		
				1798	ナポレオンのエジプト遠征
1803	ルイジアナ買収				
1804	ハイチ独立	1804	ナポレオン皇帝即位		
		1805	トラファルガー海戦		
		1806	大陸封鎖		
		1812	ナポレオンのモスクワ遠征		
		1815	ドイツ連邦成立		
				1819	英国、シンガポール領有
1821	メキシコ独立	1821	ギリシャ独立戦争		
1823	モンロー教書				
		1830	フランス七月革命		
		1831	ベルギー独立		
		1837	チャーティスト運動		
				1840	アヘン戦争
1845	米国テキサス併合				
1848	カリフォルニア領有	1848	フランス二月革命		
				1853	ペリー来航
				1854	日米和親条約
				1858	日米修好通商条約
		1859	イタリア統一戦争		
1861	南北戦争	1861	イタリア王国成立 ロシア農奴解放令		
1863	奴隷解放宣言				

アメリカ・オセアニア		ヨーロッパ・ロシア		アフリカ・アジア	
		1866	プロイセン・オーストリア戦争		
1867	米国のアラスカ買収	1867	北ドイツ連邦成立 オーストリア＝ハンガリー帝国成立		
				1868	明治維新
				1869	スエズ運河開通
		1882	三国同盟成立(ドイツ・オーストリア・イタリア)		
				1887	フランス領インドシナ連邦成立
				1889	大日本帝国憲法制定
				1894	日清戦争
				1895	イギリスのマレー連合州結成
1898	アメリカ・スペイン戦争			1898	ファショダ事件 フィリピン、米国領になる
1901	オーストラリア連邦成立				
		1902	日英同盟		
		1904	日ロ戦争		
				1910	南アフリカ連邦成立
		1911	イタリア・トルコ戦争		
1914	パナマ運河開通	1914	サライェヴォ事件 第一次世界大戦		
		1915	イタリア連合国側に参戦	1915	フセイン・マクマホン協定
				1916	サイクス・ピコ協定
1917	米国、連合国側に参戦	1917	ドイツ無制限潜水艦作戦	1917	バルフォア宣言
1918	ウィルソンの14ヵ条				
		1919	パリ講和会議 ヴァイマル憲法成立		
		1920	国際連盟成立		
1921	ワシントン会議				
		1922	ソビエト連邦成立	1922	オスマン帝国滅亡

アメリカ・オセアニア		ヨーロッパ・ロシア		アフリカ・アジア	
				1923	トルコ共和国成立
		1928	不戦条約		
1929	ニューヨーク株価暴落				
				1932	サウジアラビア王国成立 イラク王国独立
1933	ニューディール政策	1933	ドイツでナチス政権成立 国連脱退		
		1938	ドイツ、オーストリア併合		
		1939	独・ソ不可侵条約 第二次世界大戦		
				1940	日本、フランス領インドシナ進駐
1941	大西洋憲章 太平洋戦争			1941	日本真珠湾奇襲
				1942	ミッドウェー海戦
1944	ブレトンウッズ協定				
		1945	ヤルタ会談 ドイツ降伏 ポツダム宣言 国際連合発足	1945	日本降伏
				1946	日本国憲法公布
1947	トルーマン・ドクトリン マーシャル・プラン			1947	インド・パキスタン独立
		1948	西ヨーロッパ連合条約 ベルリン封鎖	1948	イスラエル建国 第一次中東戦争
		1949	ドイツ連邦共和国成立	1949	中華人民共和国成立
				1951	日米安全保障条約
		1955	ワルシャワ条約機構成立	1955	アジア・アフリカ会議
				1956	エジプト、スエズ運河国有化宣言 第二次中東戦争
1959	キューバ革命	1959	フルシチョフ訪米		
				1960	アフリカの年
		1961	東西ベルリン交通遮断		

アメリカ・オセアニア		ヨーロッパ・ロシア		アフリカ・アジア	
1962	キューバ危機				
1963	部分的核実験停止条約				
		1967	ヨーロッパ共同体(EC)	1967	第三次中東戦争
		1968	ソ連のチェコスロヴァキアへの軍事介入		
1972	ニクソン訪中 第一次戦略兵器制限交渉調印			1972	沖縄返還
1973	チリクーデター			1973	第四次中東戦争 一次石油危機
		1975	第一回サミット		
1979	米中国交正常化 第二次戦略兵器制限交渉調印	1979	ソ連のアフガニスタン侵攻	1979	イラン革命 二次石油危機
				1980	イラン・イラク戦争
1987	中距離核戦力全廃条約				
1989	アジア太平洋経済協力会議 マルタ会議（冷戦終結）	1989	ベルリンの壁崩壊		
		1990	ドイツ統一	1990	イラクのクウェート侵攻
		1991	ソ連消滅	1991	湾岸戦争 アパルトヘイト法的徹廃
		1992	ユーゴスラビア内戦 マーストリヒト条約		
		1993	ヨーロッパ連合発足		
1994	北米自由貿易協定(NAFTA)成立				
1995	世界貿易機関(WTO)発足			1995	阪神・淡路大震災
				1997	アジア通貨危機
		1999	ユーロ導入		
2001	米国、同時多発テロ			2001	米軍のアフガニスタン攻撃
		2002	ユーロ流通		
				2003	イラク戦争
2007	米国金融危機				
				2011	日本、東北大震災

アメリカ・オセアニア		ヨーロッパ・ロシア	アフリカ・アジア
	2012	南欧州財政危機	
	2013	クロアチアEU加入	
	2014	ロシア、クリミア併合	
	2016	英、EU脱退	

伊藤博文 (いとうひろぶみ)	헌법제정의 중심역할, 초대수상
山県有朋 (やまがたありとも)	징병제실시, 청일전쟁, 러일전쟁 군사령관
板垣退助 (いたがきたいすけ)	大隈重信 (おおくましげのぶ)와 함께 내각구성
大隈重信 (おおくましげのぶ)	와세다 창립, 정당내각
原敬 (はらたかし)	최초 정당정치
吉田茂 (よしだしげる)	샌프란시스코강화조약, 일미안전보장조약 체결
岸信介 (きしのぶすけ)	일미안전보장조약 개정 강행
池田勇人 (いけだはやと)	국민소득배증계획추진, 고도경제성장 정책추진
佐藤英作 (さとうえいさく)	일한기본조약체결, 일미안전보장조약 연장, 오키나와 반환, 비핵3원칙, 노벨평화상수상
田中角栄 (たなかかくえい)	일중국교정상화 실현, 일본열도 개조론
竹下登 (たけしたのぼる)	소비세 3% 도입
細川護熙 (ほそかわもりひろ)	연립내각구성으로 55년체제 종결
橋本竜太郎 (はしもとりゅうたろう)	소비세 5%로 인상
安部晋三 (あべしんぞう)	소비세 8%(2014), 10%(2019)로 인상

AFTA	아세안자유무역지역	ASEAN自由貿易地域
APEC	아시아태평양경제협력	アジア太平洋経済協力
ASEAN	동남아시아국가연합	東南アジア諸国連合
CIS	독립국가공동체	独立国家共同体
COP	기후변동조약체약국회의	気候変動枠組み条約締約国会議
DAC	개발원조위원회	開発援助委員会
EPA	경제연대협정	経済連携協定
EU	유럽연합	欧州連合
FAO	유엔식량농업기관	国連食糧農業機関
FTA	자유무역협정	自由貿易協定
GATT	관세 및 무역에 관한 일반협정	関税及び貿易に関する一般協定
IAEA	국제원자력기관	国際原子力機関
IBRD	국제부흥개발은행	国際復興開発銀行
ICC	국제형사재판소	国際刑事裁判所
ICJ	국제사법재판소	国際司法裁判所
ICRC	국제적십자	国際赤十字
ILO	국제노동기관	国際労働機関
IMF	국제통화기금	国際通貨基金
LDC	후발 발전도상국	後発発展途上国
MERCOSUR	남미남부공동시장	南米南部共同市場
NAFTA	북미자유무역협정	北米自由貿易協定
NATO	북대서양조약기구	北大西洋条約機構
NGO	비정부조직	非政府組織
NIEs	신흥공업경제지역	新興工業経済地域
NPT	핵확산방지조약	核拡散防止条約
OAU	아프리카통일기구	アフリカ統一機構

OECD	경제협력개발기구	経済協力開発機構
OPEC	석유수출국기구	石油輸出国機構
PKF	유엔평화유지군	国連平和維持軍
PKO	평화유지활동	平和維持活動
PPP	오염자부담의 원칙	汚染者負担の原則
PTBT	부분적핵실험 금지조약	部分的核実験禁止条約
SALT	전략병기제한교섭	戦略兵器制限交渉
SDR	특별인출권	特別引出権
TPP	환태평양경제연대협정	環太平洋経済連携協定
UNCTAD	유엔무역개발회의	国連貿易開発会議
UNDP	유엔개발계획	国連開発計画
UNESCO	유엔교육과학문화기관	国連教育科学文化機関
UNHCR	유엔난민고등변무관사무소	国連難民高等弁務官事務所
WHO	세계보건기관	世界保健機関
WTO	국제무역기관	国際貿易機関

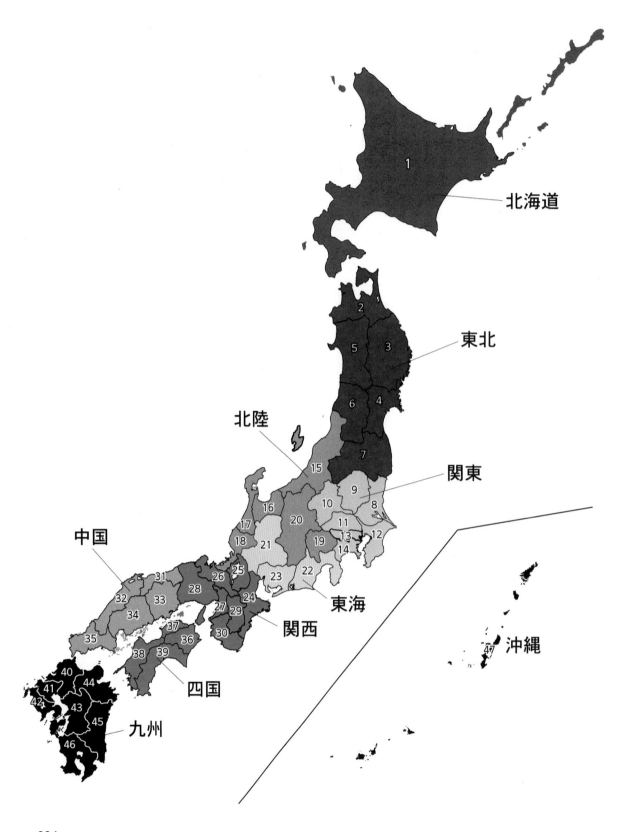

北海道地方	1	ほっかいどう **北海道**		関西地方	24	み え けん **三重県**
東北地方	2	あおもりけん **青森県**			25	し が けん **滋賀県**
	3	いわ て けん **岩手県**			26	きょう と ふ **京都府**
	4	みや ぎ けん **宮城県**			27	おおさか ふ **大阪府**
	5	あき た けん **秋田県**			28	ひょう ご けん **兵庫県**
	6	やまがたけん **山形県**			29	な ら けん **奈良県**
	7	ふくしまけん **福島県**			30	わ か やまけん **和歌山県**
関東地方	8	いばら き けん **茨城県**		中国地方	31	とっとりけん **鳥取県**
	9	とち ぎ けん **栃木県**			32	しま ね けん **島根県**
	10	ぐん ま けん **群馬県**			33	おかやまけん **岡山県**
	11	さいたまけん **埼玉県**			34	ひろしまけん **広島県**
	12	ち ば けん **千葉県**			35	やまぐちけん **山口県**
	13	とうきょう と **東京都**		四国地方	36	とくしまけん **徳島県**
	14	か な がわけん **神奈川県**			37	か がわけん **香川県**
北陸地方	15	にいがたけん **新潟県**			38	え ひめけん **愛媛県**
	16	と やまけん **富山県**			39	こう ち けん **高知県**
	17	いしかわけん **石川県**		九州地方	40	ふく おかけん **福岡県**
	18	ふく い けん **福井県**			41	さ が けん **佐賀県**
	19	やまなしけん **山梨県**			42	ながさきけん **長崎県**
	20	なが の けん **長野県**			43	くまもとけん **熊本県**
東海地方	21	ぎ ふ けん **岐阜県**			44	おおいたけん **大分県**
	22	しずおかけん **静岡県**			45	みやざきけん **宮崎県**
	23	あい ち けん **愛知県**			46	か ご しまけん **鹿児島県**
				沖縄地方	47	おきなわけん **沖縄県**

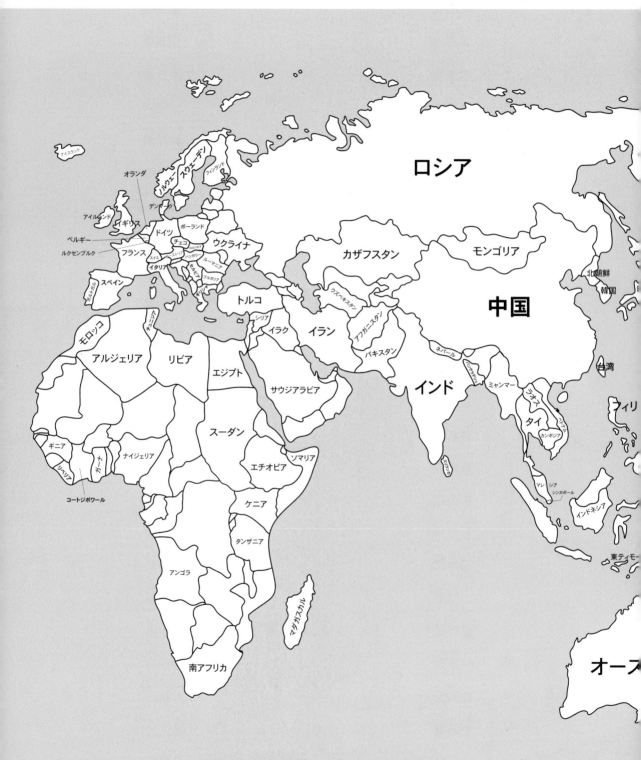

アラスカ

カナダ

アメリカ

メキシコ

キューバ

ハイチ

グアテマラ

パナマ

ベネズエラ

コロンビア

エクアドル

ブラジル

ペルー

ボリビア

パラグアイ

チリ

ウルグアイ

アルゼンチン

ニューギニア

ア

ニュージーランド

日本留学試験

Examination for Japanese University Admission for International Students

総合科目 解答用紙　JAPAN&THE WORLD ANSWER SHEET

↑あなたの受験票と同じかどうか確かめてください。 Check that these are the same as your Examination voucher. ↑

受験番号
Examinee Registration Number

名　前
Name

注意事項　Note

1　必ず鉛筆(HB)で記入してください。
Use a medium soft(HB or No.2)pencil.

2　この解答用紙を汚したり折ったりしてはいけません。
Do not soil or bend this sheet.

3　マークは下のよい例のように、○わく内を完全にぬりつぶして
ください。
Marking Examples.

よい例 Correct	悪い例 Incorrect
●	⊗ ◎ ⊙ ○

4　訂正する場合はプラスチック消しゴムで完全に消し、消しくずを
残してはいけません。
Erase any unintended marks completely and leave no rubber
marks.

5　解答番号は1から60まであ りますが、問題のあるところまで答え
て、あとはマークしないでください。
Use only necessary rows and leave remaining rows blank.

6　所定の欄以外には何も書いてはいけません。
Do not write anything in the margins.

7　この解答用紙はすべて機械で処理しますので、以上の1から6ま
でが守られていないと採点されません。
The answer sheet will be processed mechanically. Failure to
observe instructions above may result in rejection from evaluation.

解答番号 1–20

解答番号	解答欄 Answer			
	1	2	3	4
1	①	②	③	④
2	①	②	③	④
3	①	②	③	④
4	①	②	③	④
5	①	②	③	④
6	①	②	③	④
7	①	②	③	④
8	①	②	③	④
9	①	②	③	④
10	①	②	③	④
11	①	②	③	④
12	①	②	③	④
13	①	②	③	④
14	①	②	③	④
15	①	②	③	④
16	①	②	③	④
17	①	②	③	④
18	①	②	③	④
19	①	②	③	④
20	①	②	③	④

解答番号 21–40

解答番号	解答欄 Answer			
	1	2	3	4
21	①	②	③	④
22	①	②	③	④
23	①	②	③	④
24	①	②	③	④
25	①	②	③	④
26	①	②	③	④
27	①	②	③	④
28	①	②	③	④
29	①	②	③	④
30	①	②	③	④
31	①	②	③	④
32	①	②	③	④
33	①	②	③	④
34	①	②	③	④
35	①	②	③	④
36	①	②	③	④
37	①	②	③	④
38	①	②	③	④
39	①	②	③	④
40	①	②	③	④

解答番号 41–60

解答番号	解答欄 Answer			
	1	2	3	4
41	①	②	③	④
42	①	②	③	④
43	①	②	③	④
44	①	②	③	④
45	①	②	③	④
46	①	②	③	④
47	①	②	③	④
48	①	②	③	④
49	①	②	③	④
50	①	②	③	④
51	①	②	③	④
52	①	②	③	④
53	①	②	③	④
54	①	②	③	④
55	①	②	③	④
56	①	②	③	④
57	①	②	③	④
58	①	②	③	④
59	①	②	③	④
60	①	②	③	④

〈최신 수정판〉
EJU 일본유학시험 종합과목 40일 완성

지은이 이성순
펴낸이 정규도
펴낸곳 (주)다락원
초판 1쇄 발행 2018년 4월 30일
수정판 1쇄 인쇄 2021년 9월 15일
수정판 1쇄 발행 2021년 9월 30일

책임편집 김은경, 송화록
디자인 장미연, 정규옥

다락원 경기도 파주시 문발로 211
내용문의: (02)736-2031 내선 460~465
구입문의: (02)736-2031 내선 250~252
Fax: (02)732-2037
출판등록 1977년 9월 16일 제406-2008-000007호

값 13,500원

ISBN 978-89-277-1252-7 13730

http://www.darakwon.co.kr

- 다락원 홈페이지를 방문하시면 상세한 출판정보와 함께 동영상강좌, MP3 자료 등 다양한 어학 정보를 얻으실 수 있습니다.
- **본문 해석** 및 **모의테스트 해설**은 다락원 홈페이지에서 다운로드 받으시거나 교재 안의 **QR코드**를 통해 **바로 확인**하실수 있습니다.